武士道
무사도

武士道

초판 1쇄 찍은 날 § 2005년 5월 23일
초판 1쇄 펴낸 날 § 2005년 5월 30일

지은이 § 니토베 이나조
편　저 § 씨알 기획
펴낸이 § 서경석

편집장 § 오태철
본문 편집 및 디자인 § 장상수 · 김상옥 · 정은경

펴낸곳 § 도서출판 청어람
등록번호 § 제1081-1-89호
등록일자 § 1999. 5. 31
어람번호 § 제3-0037호

주소 § 경기도 부천시 원미구 심곡1동 350-1 남성B/D 3F (우) 420-011
전화 § 032-656-4452　팩스 § 032-656-4453
http://www.chungeoram.com
E-mail § eoram99@chollian.net

ISBN 89-5831-519-9　03830

※ 파본은 본사나 구입하신 서점에서 교환하여 드립니다.

무사도 武士道

니토베 이나조 지음 | 씨알 기획 편저

Bushido, the Soul of Japan

도서출판
청어람

차례

제1장 보이지 않는 규범 - 무사도(武士道)

사람의 길을 비춘다 · 19
기사도의 규율, 무사도 · 20
일본인들의 마음에 새겨진 규칙 · 21
장대한 논리 체계의 초석 · 22

제2장 일본 종교와 사상의 융합체 - 무사도(武士道)

불교와 신도(神道)가 무사도에 끼친 영향 · 29
또 다른 무사도의 원천, 공자(孔子) · 31
무사도는 지식을 위한 지식을 경시한다 · 33
무사도의 기본 원리 · 36

제3장 무사도의 규범 하나 - 의(義)

'의'는 '용(勇)'과 나란히 서는 무사도의 쌍둥이 · 41
'올바른 도리' 야말로 무조건적인 절대 명령 · 43

제4장　무사도의 규범 둘 - 용(勇)

　　의를 보고 행하지 않는 것은 용기가 없는 것이다 · 49

제5장　무사도의 규범 셋 - 인(仁)

　　군주의 요건은 인(仁)에 있다 · 55
　　덕과 절대 권력의 관계 · 56
　　'무사의 자비로움'에 내재하는 인(仁) · 59
　　항상 간직하는 타인을 연민하는 마음 · 60

제6장　무사도의 규범 넷 - 예(禮)

　　예(禮)란 타인에 대한 배려를 표현하는 일 · 69
　　예를 지키기 위한 도덕적인 훈련 · 71
　　우아한 예절은 내적인 힘을 쌓게 한다 · 73
　　예의는 미적인 감수성으로 나타난다 · 75

제7장 무사도의 규범 다섯 - 마코토(誠 : まこと)

진정한 무사는 성(誠, 마코토)에 높은 경의를 표한다 · 81
무사도와 상인도는 무엇이 다른가 · 84
마코토(誠)란 실제 이익이 있는 덕행 · 86

제8장 무사도의 규범 여섯 - 명예(名譽)

불명예는 사람을 크게 키운다 · 93
무사도는 왜 인내의 극치에 이르렀는가 · 96
명예는 이 세상에서 '최고의 선'이다 · 99

제9장 무사도의 규범 일곱 - 충의(忠義)

일본인의 충의란 도대체 무엇인가 · 103
명령에 대한 절대적인 순종이 존재하였다 · 105
무사도는 개인보다 나라를 중시한다 · 108
'무사의 진정한 충의'는 여기에 있다 · 112

제10장 무사도의 덕목 하나 - 수양(修養)

행동하는 무사가 추구한 '품성(品性)'이란 무엇인가 · 117
무사도는 득과 실을 따지지 않는다 · 119
무사도는 무상(無償), 무보수(無報酬)의 실천만을 믿었다 · 121

제11장 무사도의 덕목 둘 - 미덕(美德)

무사는 감정을 얼굴에 내보이지 않는다 · 127
왜 과묵함을 미덕이라고 하는가 · 130
마음을 편안하게 유지하기 위해 · 132

제12장 무사도의 덕목 셋 - 할복(割腹)

할복의 복(腹)은 무엇을 의미하는가 · 137
할복은 하나의 법 제도, 의식 전례였다 · 141
할복은 어떻게 행해졌는가 · 142
무사도에 있어서 사는 용기와 죽는 용기 · 148
'47인의 의사'의 복수에서 보는 두 가지 판단 · 151
그리하여 '칼[刀]은 무사의 혼'이 되었다 · 155

제13장 무사도의 혼(魂)

　　도는 충성과 명예의 상징 · 159
　　대장장이 일은 중요한 종교적 행위였다 · 161
　　무인의 궁극적 이상은 평화이다 · 163

제14장 무사도의 여성상(女性象)

　　가정적이며 여걸다울 것 · 169
　　여성에게 요구되는 행동 방식 · 171
　　아내의 의무란 무엇인가 · 173
　　자기부정 없이 '내조(內助)'의 공은 있을 수 없다 · 176
　　무사 계급에서 여성의 지위에 대해 · 178
　　가정에 있어서 중시되었던 여성 · 181

제15장 무사도의 영광(榮光) - 야마토혼(大和魂)

　　일반 대중을 사로잡은 무사도의 덕목 · 189

무사는 민족 전체의 '아름다운 이상' · 191
'엘리트'의 영광, 동경, 그리고 '야마토혼'으로 · 193
벚꽃은 '야마토혼'의 전형 · 194

제16장 무사도의 부활(復活)

무사도는 일본의 활동정신, 그리고 추진력이다 · 201
자기의 명예심, 이것이 일본 발전의 원동력 · 204
일본인 이상으로 충성을 바치며 애국적인 국민은 흔치 않다 · 208
무사도에 의한 무언의 감화 · 209

제17장 무사도의 유산(遺産)

무사도는 자취를 감출 운명에 처했는가 · 217
명예, 용기, 그리고 무덕(武德)이라는 뛰어난 유산을 지켜라 · 220
불사조는 스스로 재 속에서 되살아난다 · 223
무사도는 불멸의 교훈이다 · 225

서장

 1889년경, 저명한 벨기에의 법학자이자 교수인 라블레이 교수의 집에서 며칠 동안 환대를 받으며 지낸 일이 있었다.
 어느 날, 산책하며 나누던 대화가 종교에 관한 화제로 넘어갔다.
 이 저명한 학자는 일본에는 종교 교육이 없다는 말에 깜짝 놀라 믿기 힘들다는 듯이 되물었다.
 "종교가 없다면 대체 어떤 식으로 자손들에게 도덕 교육을 시키는 겁니까?"
 그 질문에 나는 아무런 대답도 할 수 없었다. 왜냐하면 내가 어린 시절에 배웠던 '사람의 도리'에 대한 대부분의 교훈들은 학교에서 배운 것이 아니었기 때문이다.

그래서 나는 선악의 관념을 지금의 나에게 불어넣어 준 다양한 요소들을 분석하였고 그러한 관념을 심어준 것이 무사도임을 떠올리게 되었다.

이 책을 쓰게 된 직접적인 이유는 '일본의 이러저러한 생각이나 습관은 어떻게 전해 내려왔느냐'라고 끊임없이 질문해 대는 미국인 아내 때문이었다.

어찌 되었든 그 일을 계기로 라블레이 교수와 내 아내가 만족할 만한 대답을 찾기 시작했다. 그러던 중에 질문과 답변을 통해 봉건제도와 무사도에 대해 알지 못하고서는 현대 일본의 도덕 관념을 이해할 수 없다는 것을 깨닫게 되었다.

이것들은 대부분 봉건제도가 아직 세력을 지니고 있던 나의 젊은 시절에 사람들에게 배우고 그렇게 행동하도록 지시받은 것들이다.

이러한 내용을 병치레로 인하여 어쩔 수 없어 생긴 기회를 이용해 정리한 것이 바로 이 책이다.

이 책의 한쪽에는 라프카디오 헌과 휴 프레이저 부인이 있다. 또 다른 쪽에는 어네스트 사토와 챔벌레인 교수가 있다. 유명한 그들 틈에서 영어로 일본에 대한 책을 쓴다는 것이 망설여지지만 내게는 그 유명한 선배들보다 단 한 가지 유리한 점이 있다. 그들이 일본에 대해서는 대변인이나 변호인의 입장인 데 반해, 나는 피고인의 입장에 서 있다는 사실이다.

책을 쓰면서 회의감도 들었다. 종종 '만약 내가 저 사람들처럼 자유자재로 영어를 구사할 수 있다면, 좀 더 뛰어나게, 좀 더 자연스럽게 서술할 수 있을 텐데'라는 생각도 했다. 그러나 자국어가 아닌 빌린 말로 타국인에게 이야기하는 것인 만큼 그저 말하고자 하는 사실을 독자들이 받아들여 주는 것만으로도 감사해야 한다.

이 책에서는 유럽 및 외국인 독자에게 좀 더 쉽고 친근하게 다가가고자 유럽의 역사 및 문학으로부터 유사한 사례를 들어 설명하는 방식을 취했다.

만에 하나 종교상의 주제 및 종교가에 대해 경시한다고 여겨지더라도 나의 기독교에 대한 태도에 대해서는 조그만 의혹도 생길 일이 없으리라 믿는다. 내가 동의하지 않는 건 예수의 가르침을 흐리게 만드는 전도 방법과 형식에 대한 것이지 그 가르침 자체는 아니다. 나는 예수의 가르침을 받았고, 『신약성서』로 전해진 종교를 믿으며, 마찬가지로 나의 마음에 새겨진 율법을 믿는다.

나는 유대인이든 아니든, 또한 기독교도뿐만 아니라 다른 종교를 믿는 모든 사람들과 민족을 위해 『구약성서』라고 불리는 계약의 서를 신이 만들어냈다고 믿는다. 하지만 나의 신학에 관련된 부분에 대해서 독자에게 관용을 강요할 생각은 전혀 없다.

이 서문을 끝맺기에 앞서 그간 많은 유익한 도움을 준 친구 안나 C. 하츠혼 여사에게 진심으로 감사하는 바이다.

1899년 12월 펜실베니아 주 멜버른에서

니토베 이나조(新渡造)

- 사람의 길을 비춘다
- 기사도의 규율, 무사도
- 일본인들의 마음에 새겨진 규칙
- 장대한 논리 체계의 초석

사람의 길을 비춘다

무사도는 일본의 상징인 벚꽃과 우열을 가리기 힘든, 일본이란 토양에서 피어난 고유의 꽃이다. 역사의 책장에 담긴 말라비틀어진 표본의 하나가 아니다. 지금도 일본인들의 마음속에 간직된 힘과 아름다움을 겸비한 살아 있는 대상이다. 그것은 손에 닿는 모습과 형태를 지니진 않았지만 현대 일본인들을 끌어들이기에 충분한 매력적인 존재이다.

무사도를 양성해 온 과거의 사회적 조건이 사라진 지 오래다. 하지만 봉건제도의 소산인 무사도의 빛은 그 어머니인 봉건제도보다도 오래 살아남아 일본인의 인륜지도가 나아가야 할 길을 비추고 있다. 과거에 실재했으나 현재에 반짝이는 머나먼 우주 저편의 별처럼 지금도 일본인들의 머리 위에서 빛을 발하고 있다.

이러한 사실에도 불구하고 서양의 인식은 다르다. 과거 아일랜드의 역사가이며 철학자인 조지 밀러 박사 같은 박학한 학자조차도 동양에는 고대와 근대를 통틀어 기사도와 비슷한 존재는 없다고 단언했다. 이 의견은 슬프게도 18세기 말 당시의 극동에 관한 정보가 서양에 많지 않았음을 설명하고 있다.

밀러 박사의 훌륭한 저작 『역사철학의 이해』의 제3판이 페리 제독이 일본의 쇄국을 깨트린 해인 1854년에 출판된 사실을 생각하면 충분히 용납될 수 있는 일이다.

그로부터 10년 이상이 지나 일본의 봉건제도가 그 존속의 마지막 단말마를 지르고 있을 무렵에야 겨우 일본 무사도에 대한 서양의 인식이 달라질 수 있었다.

『자본론』을 쓴 K.H. 마르크스는 '지금까지 살아 있는 봉건제도의 사회·정치적 제도는 일본에서만 볼 수 있다'라고 말해 많은 이들에게 일본 사회 연구의 이점을 알릴 수 있게 되었다.

여기서 본인은 세계의 역사 및 윤리 연구자가 일본의 무사도 연구에 보다 많은 주의를 기울여 줄 것을 권장한다.

기사도의 규율, 무사도

큰 의미에서 '무사도(武士道)'라고 표현한 일본어의 단어는 그 어원에 있어서 '기사도(Horsemanship)'보다도 많은 의미를 지닌다. 무사도(武士道)는 서양의 전사(戰士)에 해당하는 고귀한 인물의 본래 직분뿐만이 아니라 일상생활에서의 규범을 의미하기도 한다. 서양식으로 말하자면 '기사도의 규율', 기사 계급의 '높은 신분에 따르는 의무(Noblesse Oblige)'이다.

일본인들의 마음에 새겨진 규칙

무사도(武士道)란 무사가 지켜야 할 것으로 요구받거나 교육받는 도덕적 덕목의 예절이다. 이 예절의 특징은 어떤 유능하고 탁월한 인물이 생애를 걸고 창조해 낸 것이 아니라 수십, 수백 년에 걸쳐 이루어진 무사의 생활 방식이 유기적으로 엮어낸 결과물이다.

그래서 무사도는 법규화된 성문법(成文法)이 아니다. 대개 구전(口傳)이나 저명한 무사, 가신의 붓에 의해 나온 몇 가지 격언(格言)에 의해 성립되어 있어 말로도 글로도 전해지지 않는 예절이다.

하지만 사람들의 마음에 새겨진 규정이요 예절이기에 그만큼 실제 행동에 있어서는 보다 강력한 구속력을 지닌다. 일본에 있어서의 무사도는 대영제국의 헌법이 영국의 정치사에서 점하는 지위를 지니고 있다고 보아도 과언이 아닐 정도이다.

그렇다고 13세기 초 영국의 왕과 귀족 간의 봉건적 주종 관계 원칙을 규정한 대헌장(Magna Charta)이나 17세기 영국에서 국가 당국에 의한 부당한 투옥을 방지하기 위해 제정된 법률인 인신보호령(Habeas Corpus Act)에 해당되는 것은 아니다.

일본에서는 17세기 초반에 무가제법도(武家諸法度)가 공포되어 지배층을 제약했지만 13개 조의 짧은 항목은 대부분 혼인(婚姻), 축성(築城), 도당(徒黨) 등을 거론하고 있을 뿐 교훈적인 규범은 극히 일부분에 지나지 않는다.

이런 이유로 무사도의 기원에 대해서는 명확한 때와 장소를 지정하여 말할 수 없다. 다만 한 가지 확실한 사실이 있다면 무사도가 봉건시대에 태어났기에 그 기원이 봉건제와 일치한다는 점이다. 그런 면에서 볼 때 무사도 또한 얽힌 실타래처럼 복잡한 봉건제도만큼이나 뒤엉킨 성질을 나눠 갖고 있다.

장대한 논리 체계의 초석 | 영국의 봉건적 정치 제도의 역사는 1066년 노르망디 공(公) 윌리엄이 잉글랜드를 정복하고 왕이 되어 노르만 왕조를 창시한 사건인 '노르만 정복(Norman Conquest)' 시기까지 거슬러 올라간다.

일본에 있어서는 1185년 미나모토노 요리토모(源賴朝)가 가마쿠라 막부(鎌倉幕府)를 열어 그 지배권을 확립한 헤이안 시대(平安時代)와 때를 같이한다고 말할 수 있다.

그러나 윌리엄 정복왕보다 훨씬 이전 시대에도 봉건제적 요소를 발견할 수 있듯이 일본 봉건제의 싹은 헤이안 시대 훨씬 이전부터 존재해 왔다.

일본에서 봉건제가 주류가 됐을 때, 직업 계급으로서의 무사인 사무라이(侍)가 자연스럽게 대두되게 되었다. 사무라이는 '무가(武家)' 혹은 '무사(武士 : 싸우는 기사)'라는 한자어로도 자주 쓰였다. 무사는 고대 영어의 크니히트(Cnihit : 기사, Knecht, Knight)와 같이 호위, 종자(從者)라는 뜻이다.

그 성격은 로마 최대의 정치가이자 무인(武人)인 카이사르가 아퀴타니아에 존재했다고 한 솔뒤리(Soldurii), 또는 로마의 역사가이자 정치가인 타키투스가 설명한 게르만의 수령들을 따르던 코미타티(Comitati), 중세 유럽에 등장하는 평기사(平騎士)로 해석되는 밀리테스 메디(Milites Medii)와 비슷하다.

그들은 특권적인 계급으로, 전투를 통해 지위를 받았기에 대부분 거친 성격의 소유자들이었다. 이들은 오랜 세월에 걸쳐 끊임없이 이어진 전란의 시대에 보다 남자답고 용맹한 자들 사이에서 살아남아 자연스럽게 선발된 자들이기에 겁쟁이와 약자들은 배제되어 있었다.

이러한 상황을 미국의 사상가이자 시인인 에머슨의 말을 빌려 설명하자면, '남성적이고 야수처럼 강력한 힘을 지닌 거칠고 막돼먹은 종족'만이 살아남은 것이다.

일본에서는 이들이 무사의 가신(家臣) 집단과 서열을 형성한다. 그리고 그에 따르는 큰 영예와 특권, 의무를 가지게 된 그들에게는 점차 행동 양식에 대한 규범이 필요하게 되었다. 마치 의사가 직업적인 예의로 서로의 경쟁을 제한하고, 변호사가 품위를 잃은 경우에 사문회에 출석해야 하듯 무사가 잘못을 저지른 경우의 심판을 위한 뭔가를 마련해야 했다. 그런 필요에 의해 등장한 것이 일본의 무사도였다.

영국의 체험적 학교소설의 고전인 『톰 브라운의 럭비학교 생활』에서 보면 주인공 톰 브라운은, '절대 어린아이를 괴롭히거나 나이 많은 아이에게 등을 보이지 않는 인간이란 이름을 남기고 싶다'라는 소년다운 결의이자 작은 기사도적 바람을 보이고 있다. 현대에도 '비겁자'와 '겁쟁이'라는 별칭이 건전한 인간에게는 최악의 모멸적 언사이듯이, 영국의 소년들은 대부분 이러한 관념에 의지해 인생을 시작하고 있다.

하지만 이러한 결의야말로 영국을 위대하게 만든 기사도의 주춧돌이며, 더없이 강인하고 장대한 윤리 체계를 세우기 위한 주춧돌이 되어주었다.

무사 또한 그러한 주춧돌 위에 서 있기에 '전투에 있어서의 페어플레이'라는 공통점을 가진다. 이 야만스러움과 애들 싸움 같은 원시적인 감각인 페어플레이 정신에서 풍요로운 윤리의 싹이 틀 수 있었던 것이다.

이렇게 시작은 기사도와 비슷했을지 모르나 무사도의 윤리는 더욱 강력해진다. 세월을 더해감에 따라, 사회가 복잡다단해짐에 따라 당초의 단순했던 신념적 무사도는 보다 높은 권위와 부합되기를 요구받게 된 것이다. 이로써 일본 무사단의 조직은 고차원적 판단과 높은 도덕적 구속력을 가진 '무사도의 집단'으로 거듭나게 되었다.

반면 유럽의 기사도는 다른 길을 갔다. 프랑스 낭만파 시인이며 정치가인 라마르틴의 '종교와 전쟁과 명예란 완벽한 기독교 기사의 세 혼이었다'라는 말에서 보듯 기독교와 결합되어 확대 해석되면서 기독교의 정신적인 덕목들이 불어넣어졌다.

- 불교와 신도(神道)가 무사도에 끼친 영향
- 또 다른 무사도의 원천, 공자(孔子)
- 무사도는 지식을 위한 지식을 경시한다
- 무사도의 기본 원리

불교와 신도(神道)가 무사도에 끼친 영향

불교가 무사도에 끼친 영향은 무척 크다. 운명에 대한 평안한 신뢰, 불가피한 일에 대한 조용한 복종, 위험이나 재난 상황에서의 금욕적인 평정, 삶에 대한 모멸, 죽음에 대한 친근감을 무사도의 덕목으로 제공한 것이다.

어느 일류 검술 스승은 기술의 극의를 가르친 뒤 이렇게 말했다.

"나의 지도는 여기까지다. 남은 건 선(禪)의 가르침에 맡겨야 한다."

선(禪)은 가만히 한 가지를 집중해서 생각해야 한다는 침사묵고(沈思默考)를 통해 언어로 표현할 수 있는 범위를 뛰어넘어 사고(思考)의 영역에 도달하고자 하는 인간의 탐구심을 의미한다. 그 방법은 묵상(默想)이며 찾는 것은 삼라만상의 배후에 깃들어 있는 원리이다. 또 가능하다면 '절대(絶對)' 그 자체를 깨달아 자신과 조화시키는 것이다.

이와 같이 정의한다면 선(禪)이 가르치고자 하는 것은 이미 종교의 교의(敎義)를 뛰어넘은 것이다. 이 '절대'를 인식해 낸 자는 누구나 세속적인 일에서 벗어나 새로운 하늘과 새로운 땅을 자각하게 된다.

신사(神社)를 모시는 일본 고유의 종교인 신도(神道)는 불교가 제공하지 못한 부분을 무사도에 제공했다. 주군에 대한 충성, 선조에 대한 숭배, 거기에 효심 등이 신도의 가르침으로 무사도에 전해졌다. 그로 인해 무사의 오만한 성격에 인내심이 덧붙여졌다.

황실의 조상이나 국가에 큰 공을 세운 사람을 신으로 모시는 신도의 교학에서는 종교적 '원죄(原罪)'라는 교의가 끼어들 여지가 전혀 없다. 대신 태어날 때부터 가지는 착한 성품과 신과 비슷한 청정성을 믿기에 혼(魂)을 신의 의지가 잠든 지극히 성스러운 것으로 숭배했다.

신사의 영묘에는 예배의 대상물과 기구가 별로 없고 본전에는 한 장의 거울만이 주된 신구(神具)이다. 이 거울은 인간이 가진 마음의 상징으로 마음이 완전히 안정되고 청명할 때 거기에서 '신(神)'의 모습을 볼 수 있다고 한다. 빛나는 거울의 표면에서 자기 자신의 모습을 보는 것이다. 신도의 참배 행위는 저 고대 델피의 신탁 '너 자신을 알라'와 통하는 것이다.

여기서 말하는 그리스와 일본의 가르침인 '자신을 안다'는 건 인간의 육체적 부분의 지식, 해부학과 정신물리학의 지식이 아닌 도덕적인 의미, 즉 도덕적 성질을 가지는 내적 성찰을 의미하는 것이다.

또 다른 무사도의 원천, 공자(孔子)

독일의 역사가이자 노벨문학상 수상자인 몸젠(Mommsen, Theodor 1817~1903)은 그리스인과 로마인을 비교하면서 이렇게 말했다.

> "그리스인은 예배를 드릴 때 눈을 하늘로 향한다. 그때 그들의 기도는 응시함으로써 성립된다. 로마인의 경우 그 기원이 내적 성찰에 있기에 머리를 베일로 덮는다."

일본인의 내적 성찰은 로마인의 종교에 대한 사고방식과 마찬가지로 개인의 본질적인 도덕 의식보다는 민족적인 의식을 나타낸다.

신도의 자연 숭배는 국토를 마음속 깊은 곳으로부터 사랑스럽게 여겨지도록 만들었고, 신도의 조상 숭배는 계보를 거슬러 올라가 결국에는 천황가를 일본 민족 전체의 근원으로 삼게 만들었다.

신도를 믿는 일본인들에게 있어 국토란 금을 채굴하거나 곡물을 수확하는 토양 이상의 것으로 신들, 즉 조상의 영혼이 사는 곳이다. 천황도 단순히 야경국가의 수장, 혹은 문화국가의 후원자 이상의 존재로

그 몸에 하늘의 힘과 자비를 내포하고 있을 뿐만 아니라 지상에서의 육체를 지닌 천상에 계신 신의 대리인이라 여겼다.

19세기 말의 프랑스 교육가이자 저술가인 M. 부트미(Boutmy)가 영국 왕실의 존엄에 대해, '그것은 권위의 이미지일 뿐만 아니라 국가 통합의 창시자이자 그 상징이다'라고 설명한 것과 같다.

아서 메이 크나프(Arthur May Knapp)는 '히브리 문학에서는 작자가 설명하는 것이 신에 대한 것인지, 국가에 대한 것인지, 천국에 대한 것인지, 예루살렘에 대한 것인지, 혹은 메시아인지, 민족 그 자체인지, 그들 중의 여럿을 말하는 것인지 자꾸만 판단이 서지 않는다'라고 서술했다.

중세 기독교의 교회와 달리 신도(神道)는 신자에게 어떤 신앙상의 약속도 규정하지 않는다. 대신 직접적이고 단순한 형태의 행위 기준이라는 형식을 제공한다.

일본의 민족적 본능과 종족적 감정의 틀에서 보자면 신도는 반드시 체계적인 철학이나 합리적인 교학을 필요로 하지는 않는다. 신도가 체현한 종족 감정은 주군에 대한 충성심과 애국심을 무사도에 철저하게 접목시키면서 교의라기보다는 추진력으로써 작용했다.

무사도의 도덕적인 교의에 관해서는 오히려 공자(孔子)의 가르침이 가장 크고 풍요로운 원천이 되었다.

공자가 설명한 다섯 가지의 윤리적인 관계, 즉 군신(君臣), 부자(父

子), 부부(夫婦), 형제(兄弟), 붕우(朋友)의 관계는 무사도에 있어서 가장 큰 영향력을 끼쳤다.

냉정하고 온화로우며 처세술이 뛰어난 공자의 정치 도덕에 관한 격언의 상당수는 지배 계급이었던 무사에게 특히 적합한 것이었다. 공자의 귀족적이며 보수적인 어조는 무인 통치자들에게 반드시 필요한 덕목이라 여겨질 정도로 매우 적합했다.

공자에 이어 무사도에 영향을 끼친 것은 맹자(孟子)였다. 힘이 담긴, 때로는 범상치 않은 인민주의적인 맹자의 이론은 타인을 배려할 줄 아는 성품을 지닌 사람들이 더없이 선호했다. 이로 인해 맹자의 이론은 기존의 사회질서에 있어서 위험했으며 파괴적인 작용을 일으킨다고 간주되어 오랜 시간 금서로 묶어야 했다. 하지만 이 선각자의 말은 무사도라는 영원불멸의 거처를 마련했다.

무사도는 지식을 위한 지식을 경시한다

맹자의 서적은 일본 젊은이의 귀중한 교과서가 됐고 어른들 사이에서는 논의의 최고 근거가 됐다. 하지만 두 유가의 고전을 알고 있기만 해서는 사람들로부터 높은 평가를 받을 수 없었다.

'논어를 읽고도 논어를 모른다'라는 속담은 공자의 말만을 인용하는 사람을 조롱하는 것이다. 어떤 전형적인 무사는 문학에 정통한 사람을 두고 '책벌레'라고까지 불렀다.

미우라 바이엔(三浦梅園)은 학문을 두고 '실제로 먹을 수 있을 때까지 몇 번이고 쪄야만 하는 냄새가 강한 야채'에 비유했다. 또 '조금밖에 읽지 않은 자는 학식이 있음을 자랑하고 많이 읽은 자는 그만큼의 학식을 자랑한다. 양자 모두 불쾌한 존재이다'라고 말했다.

지식이란 것은 배우는 이의 마음에 자연스레 동화되어 그 사람의 성품에 표출될 때만이 비로소 진정한 지식이 되는 것이다.

과거 일본에서 지식에 몰두하는 전문가는 기계와 마찬가지로 취급됐다. 지성 그 자체는 도덕적 감정에 따르는 것이라 여겨졌으며 인간과 우주는 동일하게 정신적이며 도덕적인 것이라 간주됐다.

무사도는 알고 있기 위한 지식을 경시했다. 지식은 본래 그 자체가 목적이 아니며 지혜를 얻기 위한 수단일 뿐이다. 따라서 이 목적에 도달하는 것을 포기하고 지식에 매달린 자는 필요에 의해 시가(詩歌)나 격언(格言)을 만들어내는 편리한 기계 이상의 것은 아니라고 간주됐다.

이와 같이 일본인에게 있어서의 지식은 인생에서 실제적으로 사용되는 행위와 동일하게 여겨졌다. 이 소크라테스적 교의는 '지행합일(知行合一)'을 끊임없이 설교한 중국의 사상가 왕양명을 그 최대의 해설자로 이끌어낸다.

왕양명의 저서는 『신약성서』와 많은 점에서 유사하다. '우선 신의 나라와 신의 뜻을 구하라. 그러면 이들 모든 것들이 그대의 것이 될 것이다'라는 구절은 왕양명의 책 거의 모든 페이지에서 이끌어낼 수 있는 사상이다.

왕양명 학파의 한 사람인 미와 시츠사이(三輪執齋)는 '천지만물(天地萬物)을 주재하는 것이 사람에 담겨져 마음이 된다. 따라서 마음은 살아 있는 것이 되며 항상 눈부시게 빛난다'라고 했다. 또 '그 본체의 영명함은 항상 눈부시다. 그 영명한 빛이 사람의 뜻에 머물지 않고 자연으로부터 발현해서 그 선악을 잘 비춰내는 것을 양화(良和)라고 하니, 저 천신의 빛이로다'라고 했다.

신도(神道)의 단순한 설교에서 잘 나타나는 것처럼 일본인의 마음은 왕양명의 가르침을 받아들였기 때문에 더욱 폭이 넓어졌으리라 생각한다.

왕양명은 '양심에는 오류가 없다'는 양심무류설(良心無謬說)의 교의를 극단적인 초월주의로까지 발전시켰다. 그는 단지 선악의 구별에 머물지 않고 심리적 사실과 물리적 현상의 성질 또한 깨달을 수 있는 능력도 양심에 있다고 여겼다. 영국의 철학자인 버클리(Berkeley, George)와 독일의 철학자인 피히테(Fichte, Johann Gottlieb)에 뒤지지 않는 관념론을 밀고 나가 결국에는 인간의 능력을 초월한 사물의 존재를 부정하기에 이르렀다.

그의 방법론에는 아쉽게도, '실제로 존재하는 것은 자아(自我)뿐이며 다른 모든 사물은 관념이거나 자아에 대한 현상에 지나지 않는다'

는 이론인 유아론(唯我論)에 귀속될 수 있는 논리적 오류를 포함하고 있었다.

하지만 거기에는 강력한 확신만이 줄 수 있는 효과가 있었다. 개인에게 있어 성장과 평온하고 고요한 인격을 발전시킬 수 있게 했던 것이다.

무사도의 기본 원리

이와 같이 무사도가 흡수하여 동화시킨 다른 사상의 기본 원리는 결코 많지 않으면서 단순한 것이었다.

그럼에도 불구하고 가장 불안정하고 불안한 시대에 살았던 고대 일본의 국민에게 무사도는 인생의 안전한 통행 방법이 되기에 충분한 사상이 되어줄 수 있었다.

일본 무인의 건전하지만 세련되지 못한 기질의 형성은 고대 사상의 주류와 지류에서 주워 모은 단편적인 교훈의 다발 속에서 충분한 양분을 받아들이고, 그 시대의 요청에 자극받아 그 다발로부터 새롭고 독특한 남자다움의 형태를 만들어낸 것이다. 프랑스의 비평가이며 철학자인 테느(Hippolyte A. Taine)가 '정력적이고 진취적인 기풍, 빠른 결단력과 인내력' 이라고 칭송한 16세기의 이탈리아인에게도 뒤지지 않는 인간을 길러낸 것이다.

이탈리아와 마찬가지로 일본에서도 '중세의 조잡한 예절' 이 인간을 '완전히 전투적이고 반항적인' 굉장한 동물로 만들어냈다. 기질과 기질 사이, 정신(精神)과 정신 사이에 존재하는 다양성을 고도로 이끌어내 16세기 일본인의 주요한 자질을 만들어냈다.

인도와 중국에서조차 인간은 정력과 지능에서 차이가 있다 여겼고 일본에서는 그러한 차이와 함께 성격의 독자성에도 차이가 있다고 여겼다. 이제 개성은 뛰어난 종족과 발전한 문명의 특징이다.

니체(Friedrich Wilhelm Nietzsche)가 즐겨 쓰기를, '아시아에서 인간의 성격이나 상태를 말하는 것은 평원(平原)을 말하는 것이다. 일본에서는 유럽과 마찬가지로 인간의 성질은 산악(山岳)에 의해 대표된다' 라고 말했다.

일본인의 일반적인 성질에 대해 알아보기 위해서 우선 '의로움[義]' 부터 시작해 보자.

3

■ '의'는 '용(勇)'과 나란히 서는 무사도의 쌍둥이
■ '올바른 도리'야말로 무조건적인 절대명령

'의'는 '용(勇)'과 나란히
서는 무사도의 쌍둥이

본 장에서는 무사의 규범 중에서도 가장 엄격한 가르침을 설명할 것이다.

무사에게 있어 뒷거래나 부정한 행위만큼 금기시되는 일은 없다. 이러한 의(義)의 관념은 잘못됐을지도 모른다. 지나치게 편협할지도 모른다.

저명한 무사인 하야시 시헤이(林子平)는 의(義)에 대해 '결단하는 힘'이라 정의하고, '용(勇)은 의(義)로써 판결을 내리는 일이다. 도리에 맡겨 결정하고 망설임을 갖지 않는 마음을 말하노라. 죽어야 할 장소에서 죽고 상대를 쳐야 할 때 치는 일이다'라고 설명했다.

또 다른 무사인 마키 이즈미노모리(眞木和泉守)는, '무사가 중시해야 할 것은 절의(節義)다. 절의는 몸의 뼈와 같으니 뼈가 없다면 머리가 바르게 서기 어려울 것이며, 손으로 물건을 쥐지 못할 것이며, 발로 서 있을 수 없을 것이다. 그러하기에 사람은 재능과 학문이 있다 하여도 절의가 없다면 세상에 바르게 서지 못할 것이다. 절의가 있다면 둔하고 재빠르지 못하며 융통성이 없더라도 무사로서만큼은 할 일을 해낼 수 있을 것이다'라고 말했다.

맹자는 이를 두고, '인(仁)은 사람이 안락하게 살 집이며, 의(義)는 사람이 가야 할 바른길이다'라고 말했다. 그리고 또 말하기를, '그 길을 버리고 근거로 삼지 않는다. 슬프도다. 그 마음을 내팽개치고 구해야 할 것을 알지 못한다'라며 당시의 세태를 안타까워하였다. 맹자에 의하면, '의(義)란 사람이 잃어버린 낙원을 다시 수중에 넣기 위해 반드시 통과해야 하는 가장 빠르고 좁은 길'이다.

봉건제 말기에 오래도록 이어진 태평의 시간은 무사 계급의 생활에 여가를 안겨줬다. 다양한 유흥과 고급스런 기예를 즐기게 된 이 시대에서조차 의사(義士)라는 호칭은 학문과 기예의 탁월함을 의미하는 다른 어떠한 이름보다도 뛰어난 것이라 여겨졌다.

일본 에도(江戶) 시대 아코번(赤穗藩)의 유랑무사들이 옛 주인의 원수를 갚으려 했던 일화로 유명한 '47인의 충신(忠臣)'은 일본인들이 받은 대중교육에서는 '47인의 의사(義士)'로 알려져 있다. 악랄한 음모가 군사적 책략으로, 또 새빨간 거짓말이 책모로 통하던 그 시대에 그들의 솔직하고 정직한 사나이다운 덕행은 가장 빛나는 보석이었기에 절대적인 극찬을 얻어낼 수 있었다. 의는 또 하나의 용감함인 덕행(德行)과 나란히 서는 무사도의 쌍생아인 것이다.

용(勇)에 대해 말하기 전에 의로부터 파생된 어떤 것에 대해 잠시 살펴보자.

여기서 설명하고자 하는 파생된 관념은 의(義)의 기원에서 조금 떨어져 생겨났다. 그것은 점차 차이가 커지다가 결국에는 대중적으로 왜곡된 상태로 받아들여지게 되었다.

여기서 말하고자 하는 것은 '의리(義理)'이다. 이는 문자 그대로 '정의의 도리'이다. 하지만 그것은 점차 왜곡되어 '마땅히 해야 할 의무'와 '세상이 기대하는 막연한 의무감'을 의미하게 되어버렸다. 일본인에게 의리란 순수하고 단순한 의무를 가리킨다.

'올바른 도리'야말로 무조건적인 절대 명령

여기서는 부모, 웃어른 혹은 아랫사람, 크게는 사회 일반 등에 대해 지는 '의리(義理)'에 대해 서술한다.

이들의 경우 '의리'란 의심할 여지 없는 의무이다. 그렇다는 것은 '올바른 도리'인 '의리'가 일본인들에게 해야 할 일을 요구하고 명령하는 것 외에 대체 어떤 의무가 있다는 것일까?

'올바른 도리'야말로 일본인들에게 있어 무조건적으로 따라야 할 절대 명령이라 할 수 있다.

예를 들면, 부모에 대한 효행은 사랑이 유일한 동기이다. 하지만 만에 하나, 사랑이 사라졌을 때에는 부모에 대한 효행을 명령하는 뭔가 다른 권위가 필요하다. 그와 같은 사실로부터 의리가 태어났다고 생각한다. 일본인들은 이 권위를 '의리' 속에서 정식화했고 형태를 지닌 것으로 만들어냈다.

만약 애정이 덕행으로 이어지지 않는다면 의지할 건 사람의 이성뿐이다. 그 이성은 사람에게 바르게 행동할 필요성을 재빨리 깨닫게 할 것임에 틀림없다.

다른 도덕상의 의무도 마찬가지로 말할 수 있다. 의무가 귀찮게 여겨질 때 의리가 태만함을 막기 위해 끼어들 것이다.

이와 같이 '의리'는 나태한 자로 하여금 마땅히 해야 할 일을 수행하게 만드는 엄격한 역할을 한다.

하지만 의리는 도덕에 있어서 보조적 역할에 불과할 뿐이다. 단지 의리는 동기를 부여하는 요인일 뿐 '율법'으로 명시돼 있는 기독교의 '사랑' 보다 훨씬 뒤떨어지기 때문이다. 의리는 인간이 만들어낸 사회적 산물의 하나일 뿐인 것이다.

어떤 사회에서는 출생의 우연이나 공들이지 않고 얻은 은전(恩典)이 계급적인 차이를 결정한다. 가정에서는 재능의 우수함보다도 연장자라는 사실이 중시된다. 이렇게 인간이 만들어낸 관습 앞에 자연히 애정은 매번 자리를 양보해야 하는 사회에서 태어난 것이 의리다.

이 인위성으로 인해 일본에서의 의리는 시간이 흐름에 따라 많은 사실들을 설명하거나 혹은 행위를 시인하기 위한 논리를 이끌어내는 데 사용되었다. 결국 의리는 애매한 사항의 옳고 그름을 가르기 위한 감각으로까지 떨어져 버렸다.

예를 들면 장남을 구하기 위해 필요하다면 다른 모든 아이를 희생하는 모친과 아버지의 방탕함 때문에 소비된 돈을 채우기 위해 몸을 팔아야 하는 딸의 모습은 '의리'의 일그러진 모습이다.

'올바른 도리'로부터 시작된 일본의 '의리'는 결국 궤변에 굴복하고 말았다. 그리고 더욱 비난받는다는 사실을 두려워해 겁먹고 타락해 버렸다.

영국의 시인이자 소설가인 스코트(Walter Scott)가 애국심에 대해 '그것은 가장 아름다운 것이다. 동시에 다른 감정의 가면을 쓰고 나타나는 가장 의심스러운 것이기도 하다'라고 적은 것처럼 일본의 '의리'에 대해서도 마찬가지로 말할 수 있을 것이다.

'올바른 도리'와 한참 다른 곳으로 끌려가고 만 일본의 '의리'는 그 날개 아래 여러 종류의 궤변과 위선을 담고 있다.

만약 '무사도'가 올바른 용기와 과감함과 인내하는 감성을 갖추지 않았다면 '의리'는 간단히 겁쟁이의 원천으로 격하되었을 것임이 틀림없다.

4

■ 의를 보고 행하지 않는 것은 용기가
　없는 것이다

의를 보고 행하지 않는 것은
용기가 없는 것이다

    일본에서는 용기가 의(義)에 의해 일어나지 않으면 덕행 가운데 가장 가치가 없다고 여겼다.

    공자는 『논어』에서 부정(否定)에 의해 명제를 명백히 하는 방법으로 용기를 정의했다. 즉, '의를 보고 행하지 않음은 용기가 없는 것이다' 라고 했다.

    이 격언을 긍정적으로 고치면 '용기란 올바른 일을 하는 것' 이 된다. 여러 위험을 각오한 채 생명을 걸고 사지에 임하는 것이다. 이는 결국 용맹과 동일시되어 싸움이 직업인 무사에게는 앞뒤 가리지 않는 무력 행위가 부당할 정도로 인정받게 되었다. 셰익스피어(William Shakespeare)는 그것을 '용맹함의 사생아' 라고 이름 붙였다.

무사도의 가르침은 이와 다르다. 죽을 가치가 없는 일을 위해 죽는 일을 '개죽음'이라 여겼다. 이에 대해 미토 요시마사(水戸義公)는 이렇게 말했다.

"목숨을 가벼이 여기는 것은 무사의 직분이기에 그다지 드물지 않은 일이나 혈기(血氣)로부터 나오는 용기는 도적이라도 가질 수 있다. 무사가 무사다운 것은 그 자리를 물러남으로써 충절을 이루기도 하고 그 자리에서 죽음으로써 충절을 이룰 수도 있으니, 죽어야 할 때 죽고 살아야 할 때 사는 것이야말로 진정한 용기다."

'사람이 두려워해야 할 일, 두려워해서는 안 될 일의 구별이야말로 용기다'라고 정의한 그리스의 철학자 플라톤의 말을 미토 요시마사가 들었을 리 없지만 서양에서 설명하는 도덕적 용기와 육체적 용기의 구별은 일본인에게는 옛날부터 널리 인식되어져 왔다.

무사치고 '대의지용(大義之勇)'과 '필부지용(匹夫之勇)'의 구별을 배우지 않은 자는 없다. 용맹, 인내, 과감, 호방, 용기와 같은 것은 소년들 사이에서 어릴 때부터 친숙했고 서로 뽐내며 겨루는 가장 인기 있는 덕목이었다.

봉건시대 일본의 남아는 모친의 젖을 떼기 전부터 전쟁 이야기를 몇 번이고 듣게 된다. 아이가 아픔을 참지 못하고 울면 그 어머니는 '이 정도 아픈 걸로 울다니 무슨 엄살이니. 전쟁에서 팔이라도 잃으면 어쩌려는 거니. 할복을 명령받으면 어쩌려는 거니'라면서 아이를 꾸

짖었다.

가부키의 하나인 '센다이하기(先代荻)'는 아직 어린 아이에게 인내심을 가르치는 감동적인 이야기로 일본인들이 잘 아는 이야기다. 아래는 내용의 일부이다.

> 츠루치요 : "어미 참새가 새끼에게 뭔가를 먹이고 있네. 나도 저것처럼 빨리 밥 먹고 싶어."
> 마사오카 : "참새 새끼를 부러워하는 마음이야 당연하지."라고 말하고 싶은 걸 꾹 참고 떨리는 목소리로 "내 아들 치마츠, 치마츠 무엇 때문에 울고 있나. 어려도 너는 무사잖아."

인내심과 용감함의 일화는 유럽의 동화 속에도 많이 있다. 하지만 일본의 어린아이들에게 용맹심과 호방함을 배어들게 하는 수단으로 이런 종류의 이야기만 있는 것이 아니다.

일본의 무사들은 잔혹하다고 여길 만큼 가혹한 수단으로 아이들의 담력을 연마시켰다. 그들은 '곰은 그 새끼를 천 길 낭떠러지로 떨어뜨린다'고 말했다. 가끔 음식을 주지 않거나 추위에 몸을 노출시키는 일은 인내에 익숙해지기 위한 매우 효과적인 시련이라 여겼다.

나이 어린 소년들은 추운 겨울날 해가 뜨기 전에 일어나 스승이 있는 곳까지 맨발로 걸어가 훈련을 받았다. 또 한 달에 1~2회 정도, '학문의 신'의 제삿날에는 소규모로 모여 철야로 목소리 높여 책을 읽었다. 담력을 키우기 위해 처형장, 묘지, 폐가 등 기분 나쁜 장소를 돌아다니는 일도 아이들에게 있어서는 즐거운 순간이었다.

참수가 대중 앞에서 흔히 행해지던 시대의 어린 소년들은 그 무서운 광경을 보러 가야 했다. 증거를 남기기 위해 소년들은 어둠 속을 혼자서 걸어가 목에 걸려 있는 자신의 증표를 놓고 오도록 지시받았다.

이러한 스파르타식의 '담력을 키우는' 방식은 현대의 교육자에게는 공포와 회의심을 느끼게 할 것이다. 즉, 인간으로서의 자상한 감정을 어린 시절에 꺾어버리고 잔인한 심성을 가지게 하지 않을까 하는 의문을 일으킬지도 모른다.

- 군주의 요건은 인(仁)에 있다
- 덕과 절대 권력의 관계
- '무사의 자비로움'에 내재하는 인(仁)
- 항상 간직하는 타인을 연민하는 마음

군주의 요건은 인(仁)에 있다

　사랑, 관용, 타인에 대한 동정, 연민의 정(情) 등은 인간의 혼이 지닌 여러 성질 가운데 지고의 덕(德), 즉 최고의 감정이라 인정되어져 왔다.

　그것은 두 가지 의미에서 왕자(王者)다운 덕이라고 여겨졌다. 고귀한 정신이 지닌 성질 중에서도 가장 왕자다운 것이며 또한 왕자에게 가장 어울리는 덕이었다.

　공자와 맹자는 백성을 다스리는 자가 지녀야만 할 요건 중 가장 중요한 것은 어짊[仁]에 있다고 수없이 강조했다.

　공자는 말했다.

　"군자는 우선 덕을 생각해야 한다. 덕이 있는 곳에 사람이 있고, 사람이 있는 곳에 선비가 있으며, 선비가 있는 곳에 재물이 있고, 재물이 있는 곳에 쓰임새가 있다. 덕이란 근본이며 재물은 맨 마지막이다."

"어진[仁] 자 중에 의(義)를 가까이 하지 않는 자는 없다."

"천하를 마음으로 굴복시키지 않고 왕이 된 자는 없다."

이에 대하여 맹자는 다음과 같이 말했다.

"불인(不仁)함으로 나라를 얻은 자는 있을 수 있지만 불인함으로 천하를 얻은 자는 없다."

두 사람 모두 천하를 다스리는 자에게 반드시 필요한 조건을 '어짊[仁]' 이라고 정의했다.

덕과 절대 권력의 관계

봉건제도 하에서는 무력에 의한 정치에 빠지기 쉽다. 현대의 일본인들이 최악의 전제정치로부터 구원받은 것도 인(仁) 덕분이다.

지배당하는 측이 '몸과 생명'을 무조건적으로 맡기면 거기에는 지배하는 자의 의지만이 남는다. 그리고 자연스럽게 '동양적 전제'라고 불리는 저 절대주의의 극한적 발달을 가져오는 것이다. 하지만 봉건제를 전제와 동일시하는 건 명백한 잘못이다.

프러시아의 왕인 프리드리히 대왕(Friedrich II der Grosse)이 '짐은 국민의 제1의 공복이노라'라고 말했을 때 법률학자들은 자유의 발달이 새로운 시대에 도달했다고 믿었다.

그 즈음 일본 도호쿠(東北)의 산간부에 있는 요네자와(米澤)에서는 우에스기 타카야마(上杉鷹山)가 그야말로 똑같은 선언을 했다.

"국가 인민을 떠받치는 군주가 되어야지 군주를 떠받치는 국가 인민이 되어서는 안 된다."

봉건 군주는 가신에 대해 상호적인 의무를 지지 않았다. 그러면서도 선조와 하늘에 대해서는 높은 책임감을 가지고 있었다. 군주는 백성의 아버지이며 백성을 위해 힘쓸 것을 하늘로부터 위임받은 존재인 것이다.

중국의 고전인 『시경(詩經)』에 의하면 '은나라가 아직 법도를 잃지 않았을 무렵에는 상제의 뜻에 화합했었다' 라고 했다. 공자는 『대학(大學)』에서 '백성이 좋아하는 바를 실행하고 백성이 싫어하는 바는 함께 싫어하니 이를 일컬어 백성의 부모라고 한다' 라고 가르쳤다.

이와 같은 인식을 통해 백성의 뜻과 군주의 의지는 일치했고 인민주권의 생각과 절대주의는 서로 융합했다.

일반적으로 알려진 것과 달리 무사도는 세습정치를 받아들여 더욱 강화됐다. 그것은 그다지 관심을 불러일으키지 않는 '엉클 샘의 정치', 즉 19세기 이상주의적인 미국 합중국의 민주주의에 대한 의미에서도 부권(父權) 정치였다.

전제정치와 세습정치의 차이는, 전자에서의 인민은 무조건적인 복종을 어쩔 수 없이 강요받지만 후자에서의 인민은 '긍지 높은 공손함과 위엄을 지킬 수 있는 순종(順從)과 예종(隸從) 상태에서도 자유로운 정신이 계속 고양되는 혼의 복종'이다.

또한 영국의 국왕을 가리켜 '악마의 왕, 즉 신하가 반란을 일으켜 그 왕위를 빼앗는다'라고 했고, 프랑스의 국왕을 '당나귀의 왕, 즉 제한없이 세금과 공납을 바치게 한다', 스페인의 왕을 '신민의 왕, 신하가 자발적으로 복종한다'라고 한 이들 오래된 격언은 결코 잘못되었다고 할 수 없다. 덕과 절대 권력은 앵글로색슨(Anglo-Saxon)에게는 서로 융화할 수 없는 말로 비칠지도 모른다.

러시아의 법학자이자 정치가인 포베드노스체프(Pobyedonostseff)는 영국 사회와 유럽 각국의 사회 기반을 비교하면서 유럽 각국의 사회는 공통의 이해를 토대로 만들어져 있지만 영국의 사회는 잘 발달된 독립심이 강한 인격을 토대로 하고 있다고 서술했다.

이 사실은 일본인에게 있어서 이중의 의미로 진실이다. 군주가 권력을 자유로이 행사한다는 것이 일본인들에게 있어서는 유럽에서만큼의 중압감을 주진 않는다. 오히려 일반적인 국민 감정에 대한 부성(父性)적 배려에 의해 부드럽게 느껴지는 것이다.

독일의 정치가인 비스마르크(Otto Eduard Leopold Frst von Bismarck)는 '절대주의는 첫째로 지배하는 자에 대해 공평함, 정직함, 이뤄야 하는 일에 대한 헌신, 정력적 활동, 내적인 겸손함을 요구한다'라고 말했다. 독일 황제 빌헬름 2세(Friedrich Wilhelm II)는 코브

렌츠에서의 연설에서 '신의 은총에 의해 주어진 왕권은 조물주에 대해서만 중대한 의무와 책임을 진다. 따라서 어떠한 인물이라도 어떠한 대신이라도 어떠한 형식의 의회도 군주와 떨어져 존재할 수는 없다'라고 선언했다.

'무사의 자비로움'에 내재하는 인(仁)

인(仁)은 자상하고 어머니와 같은 덕이다. 고결한 의(義)와 엄격한 정의(正義)를 남성적이라고 한다면 자애(慈愛)는 여성적인 성질인 자상함이라고 할 수 있다.

일본인들은 공정함과 의로 사물을 측정하지 말 것이며 무의미하게 자애에 마음을 빼앗기지 않도록 교육받는다.

다테 마사무네(伊達政宗)는 그 사실을 잘 인용하여 '의가 지나치면 경직된다. 인이 지나치면 약해진다'라고 정확하게 표현했다.

다행히 자비가 미덕으로 여겨진 시대가 그렇게 드물진 않았다. '보다 강직한 자는 보다 유화한 자이며, 사랑을 지닌 자는 용감한 자이다'라는 사실이 보편적인 진리로 여겨졌기 때문이다.

'무사의 정(情)', 즉 무사의 자상함은 일본인 안에 존재하는 고결한 심성에 호소하는 울림을 갖고 있다. 그렇다고 무사의 자비가 일반 백성들이 지닌 자비와 종류를 달리한다는 것은 아니다. 무사의 자비가 맹목적 충동이 아닌 정의에 대한 적절한 배려를 갖추고 있다는 사실을, 단순한 마음의 상태가 아닌 생살여탈의 힘을 배후에 지니고 있음을 의미한다.

경제학자가 수요에 대해 유효와 무효를 말하듯 일본인들 또한 무사의 자비가 유효하다고 여겼다. 무사의 자비는 수익자의 이익, 혹은 손실을 가져올 힘을 갖추고 있기 때문이다.

무사는 무력을 행사할 수 있다는 특권 그 자체에 긍지를 느끼면서 그와 동시에 맹자의 사랑의 힘에 대한 가르침에 완전히 동의했다.

"인자함이 인자하지 않음을 이기는 것은 마치 물이 불을 이기는 것과도 같다. 요즈음 인자함을 실천하는 사람은 마치 한 잔의 물을 가지고 수레 한 채에 실려 있는 땔나무에 붙은 불을 끄려는 것과 같다." 〈告子章句 上〉

따라서 어진[仁] 마음을 지닌 사람은 언제나 괴로워하는 사람, '낙담하는 사람의 일을 마음에 담고 있다.

항상 간직하는 타인을 연민하는 마음

연약한 자, 열등한 자, 패배한 자에 대한 인(仁)은 특히 무사에게 어울리는 덕목으로 장려받아 왔다.

일본 미술 애호가들은 소의 등에 뒤돌아 타고 있는 한 승려의 화상을 잘 알고 있다. 그 사람은 과거 우는 아이도 그치게 할 정도로 용맹을 떨쳤던 무사, 쿠마가이였다.

일본의 고대 전사(戰史)에서 가장 결정적인 전투의 하나인 1184년 스마노우라(須磨の浦)의 격전 한가운데에서 쿠마가이 지로 나오자네(熊谷次郎直實)는 한 사람의 적을 혼자서 추격해 그 늠름한 팔로 상대를 꽉 붙들었다.

이런 경우 약한 쪽이 강한 쪽과 같은 지위를 가졌거나 혹은 동등한 능력을 가진 게 아니라면 단 한 방울의 피를 흘리는 일도 용서받지 못하는 것이 이 당시 싸움의 의례였다.

이 강대한 무사는 상대의 이름을 알려 했지만 상대가 거절하자 투구를 벗겼다. 그러자 나타난 건 아직 수염도 나지 않은 새하얀 소년의 얼굴이었다. 놀란 나머지 무심결에 잡고 있던 손을 늦춘 그는 젊은 무사를 일으켜 세운 뒤 부친이 꾸짖듯이 엄하게 말했다.

"아름다운 젊은이여, 어머님의 곁으로 돌아가라. 쿠마가이의 칼은 젊은이의 피로 물들일 것이 아니니 들키기 전에 빨리 도망가라."

하지만 이 젊은 무사는 떠나기를 거부했다. 그뿐만이 아니라 쿠마가이에게 두 사람의 명예를 위해 이 자리에서 자신의 머리를 베어달라고 부탁했다.

이 강자의 백발 머리 위에는 얼음의 칼날이 빛나고 있었다. 그것은 이제까지 셀 수 없을 만큼 많은 생명의 줄을 끊어왔다. 하지만 쿠마가이의 강인한 마음은 움츠러들었다. 뇌리에 그의 아들의 모습이 떠올랐기 때문이다. 그의 아들은 같은 날 첫 출진을 알리는 고동나팔 소리에 맞춰 달려나갔다.

이 무사의 강인한 팔이 후들거렸다. 그리고 다시 한 번 무의미한 희생으로 생명을 버리지 말고 도망가도록 부탁했다. 하지만 젊은 무사는 '그저 빨리 머리를 쳐주시오'라고 말했을 뿐이다.

결국 아군의 병사들이 구름처럼 몰려드는 소리가 들려왔다.

쿠마가이는 큰 목소리로 외쳤다.

"지금 도망가다 이름도 없는 자의 손에 죽는 것보다는 기왕이면 나의 손에 죽는 것이 부모에게 효행하는 길일 것이다. 일념미타불 즉멸무량죄!"

염불과 함께 일순 흰 칼날이 공중에 빛나고 내려친 칼날은 젊은 무사의 피로 붉게 물들었다.

쿠마가이는 싸움이 끝나 개선했지만 더 이상 보상이나 공명에 마음을 기울이지 않았다. 그는 무훈에 빛나는 무사의 길을 버리고 승의(僧衣)를 몸에 둘렀다. 그리고 여생을 염불 행각에 바치며 서방정토(西方淨土)를 기원했다.

이 이야기는 꾸며낸 듯한 부분이 있다고는 하지만 무사의 가장 피비린내 나는 무용(武勇)을 장식하는 특질이 자상함, 연민, 자애임을 잘 나타낸다.

'궁지에 몰린 새가 품에 들어오면 사냥꾼도 이를 쏘지 않는다'는 오랜 격언이 있다. 이 말은 기독교적인 적십자운동이 일본인들 사이에 얼마나 간단히 뿌리내렸는가 하는 사실에 대한 설명도 된다.

제네바 조약 체결을 듣기 수십 년 전, 일본 최고의 대중작가 타키자와 바킨(瀧澤馬琴)은 상처입은 적을 치료해 주는 것에 대해 역설하고 있었다.

용맹하고 혹독한 단련으로 알려진 사츠마번(薩摩藩)조차도 젊은이들이 음률을 즐기는 풍습이 퍼져 있었다. 그 음률은 젊은이를 맹호와 같이 뛰어들게 하는 나팔이나 북소리가 아니다. 또 피를 끓게 해서 죽음을 선동하는 전조도 아니다. 비파(琵琶)의 슬프고 자상한 선율이다. 그것은 혈기로 끓는 마음을 달래고 피비린내 나는 수라장의 생각을 멀리하게 하는 음악 소리이다.

로마시대 그리스의 역사가이자 정치가인 폴리비우스(Polybius)는 아르카디아에 대해 설명하기를 '아르카디아의 헌법에서는 30세 이하의 청년 전원이 음악을 배우도록 명령하지만 그것은 이 지방의 혹독한 기후에서 오는 잔인성을 음악으로 완화하기 위한 것이다' 라고 설명했다.

일본에 있어서도 사츠마번만이 무사 계급의 우아함을 구가한 것은 아니었다. 시라카와 라크오(白川樂翁)가 오랜 기간에 걸쳐 적은 것들 중에 다음과 같은 구절이 있다.

> 잠자리에 들어도 마음에 걸리는 것은 꽃향기, 먼 절의 종소리, 밤벌레

의 소리에 슬퍼진다.

　　미워도 용서해야 하는 건 꽃바람, 달의 구름, 하지만 갑자기 다투는 사람은 받아들일 수 없다.

무사에게 시가를 즐기는 일이 장려된 건 보다 자상한 감정을 겉으로 표현하고 그 반대로 내면에 그것을 축적하기 위함이었다. 따라서 일본의 시가에는 비애와 자상함이 기저에 깔려 있다. 일본에서 잘 알려진 어느 시골 무사의 일화가 이 점을 잘 설명해 준다.

이 무사는 5·7·5의 17자로 된 음수율에 의한 일본의 정형시인 하이쿠(俳句)를 읊어보도록 종용받으며 처음에는 '꾀꼬리의 울음소리'라는 주제를 받았다.

거친 기상을 지녔던 이 무사는 이 주제에 반감을 느끼고 선생에게 다음과 같은 극도로 무례한 구절을 던져 냈다.

　　꾀꼬리의 첫 소리를 듣는 귀를 따로 갖고도 무사인가.

선생은 그 젊은이의 조야한 감성에도 놀라지 않고 그 무사를 격려해 나갔다. 그리고 어느 날 그 무사의 마음에 잠들어 있던 노래에 대한 마음이 깨어나 꾀꼬리의 감미로운 음색에 대답했다.

꾀꼬리의 첫 소리를 듣는 귀를 따로 두는 것이 무사일러나.

독일의 시인이자 극작가인 쾨르너(Karl Theodor Kmer)는 전장에서 부상을 입고 쓰러졌을 때 '생명에 대한 고별'을 써냈다. 일본인들은 쾨르너의 짧은 생애 속에서 이 영웅적인 일을 칭송하고 본받으려 한다.

이와 마찬가지의 일은 일본에서 드문 일은 아니었다. 간결하고 경구적인 요소를 담기 쉬운 일본의 시(詩) 하이쿠의 형식은 소박한 감정을 즉흥적으로 노래하는 일에 특히 적합하다. 교육 정도에 관계없이 하이쿠를 익힐 수 있었으며 애호가도 될 수 있다.

전장에 나가던 무사가 허리에서 필묵을 뽑아 들어 노래를 읊는 일도 드물지 않았다. 그리고 이미 생명이 다한 무사의 투구나 흉갑을 벗겨내면 그 속에 세상을 떠나며 남긴 문구를 적어둔 종이가 발견되기도 했다.

유럽에서는 공포가 가득한 전장 한가운데에서 다른 사람에 대한 연민의 마음에 공헌한 것이 기독교였다면 일본에서는 음악과 글에 대한 애호심이었다.

이렇듯 자상한 감정을 키우는 일이 다른 사람의 괴로움에 대한 배려의 마음을 키운다. 다른 사람의 감정을 존중하는 일에서 태어나는 겸허함, 은근함이 예의 원천이다.

- 예(禮)란 타인에 대한 배려를 표현하는 일
- 예를 지키기 위한 도덕적인 훈련
- 우아한 예절은 내적인 힘을 쌓게 한다
- 예의는 미적인 감수성으로 나타난다

예(禮)란 타인에 대한 배려를 표현하는 일

일본을 방문하는 외국인 여행자라면 누구든 일본인의 예의 바름과 정중한 태도에 주목할 것이다. 만약 그것이 품위를 잃고 싶지 않다는 걱정 때문에 하는 행동이라면 그것은 덕이라고 볼 수 없다. 예란 다른 사람의 마음에 대한 배려를 눈에 보이는 형태로 표현하는 것이다. 그것은 사물의 도리를 당연하게 여기며 존중한다는 것이다.

따라서 그것은 사회적인 지위도 당연히 존중한다는 사실을 포함한다. 그렇다고 금전적인 지위의 차이를 나타내는 것은 아니다. 그것은 본래 실제 생활에서의 유리한 점에 대한 차이를 나타낸다.

예(禮)의 가장 좋은 모습은 거의 사랑에 가깝다. 일본인들은 예를 설명할 때, 경건한 마음으로 '예는 오랜 고난에 견디고, 타인을 무의미하게 부러워하지 않고 친절히 대하며, 자만하지 않고 들뜨지 않는다. 자기 자신의 이익을 바라지 않고 간단히 타인에게 선동당하지 않으며 나쁜 일을 꾸미지 않는다'라고 말한다.

미국의 동물학자 딘(Bashford Dean) 교수가 인간의 성정에 대해 여섯 가지 요소를 설명하면서 그 가운데 예(禮)를 사회상의 가장 성숙한 과실로 높은 평가를 내린 것은 당연한 일이다.

이와 같이 높이 평가하는 예(禮)도 수많은 덕행 중 가장 앞에 놓이는 건 아니다. 예(禮)를 분석해 보면 보다 높은 차원에 있는 다른 덕행과 관련이 있음을 알 수 있다. 애초에 고립된 덕행이란 것이 존재할 수 없다. 예는 무인 특유의 것으로서 칭송받았고 상응하는 가치 이상의 평가를 받았다. 그로 인해 오히려 유사품이 존재하게 되어버렸다. 공자는 보이기 위한 예의는 음(音)이 음악의 한 요소임과 마찬가지로 진짜 예의의 일부분에 불과함을 역설했다.

예의는 사교상으로 빼놓을 수 없는 중요한 요소이다. 청소년에게 있어서도 사회에서의 바른 행동을 가르치기 위해서는 투철한 예의 체계가 당연히 있어야 했다. 다른 사람에게 인사할 때에는 어떻게 하는가, 어떻게 걸음을 걷고 어떻게 앉는가 등을 이 세세한 규범과 함께 가르치고 배웠다.

식사 예절은 학문으로까지 이어졌고 차를 끓이거나 마시는 것도 의식으로까지 올라갔다. 교양 있는 자들은 이런 예(禮)를 모두 자연스레 몸에 익힐 것을 기대받았다.

미국의 사회학자이자 경제학자인 베브렌(Thorstein Bunde Veblen)은 그의 흥미 깊은 저작 『Theory of the Leisure Class』에서 '예의란 유한계급의 생활에서 나온 산물이며 그 견본이다'라고 잘 말하고 있다.

예를 지키기 위한 도덕적인 훈련

19세기의 유럽 사람들은 일본인들의 세세한 예절 체계에 대해 경멸적인 말을 하기도 한다. 그들의 비판은 그러한 형식이 일본인들의 사고력을 빼앗아 버리고 예의를 엄격하게 지켜 나가는 일이 너무나 어리석게 보인다는 것이다.

의례적인 예절에는 확실히 불필요한 부분과 고리타분함이 있기 마련이다. 하지만 서양에서 끊임없이 바뀌는 유행에 집착하는 일이 어리석은 것과 마찬가지로 일본인들의 예의범절이 어리석게 보이는 부분을 지녔는지는 확실히 풀리지 않는 의문으로 남아 있다.

유행을 단순히 허무한 변덕이라고는 볼 수 없다. 유행이란 아름다움을 추구하는 인간의 끊임없는 탐구 그 자체이다.

예절도 마찬가지이다. 아무리 까다로운 의식이라 여겨져도 지킬 필요가 없다는 것은 아니다. 그것은 어떤 일정한 결과를 달성하기 위한 가장 적절한 방법을 오랜 세월에 걸쳐 실험해 온 결과이기 때문이다.

또 만약 뭔가 해야 할 일이 있다고 한다면 그것을 이루기 위한 최선의 방식이 틀림없이 존재할 터이다. 그 최선의 방법이란 가장 낭비가 적고 가장 고상한 방법일 것이다.

영국의 철학자 스펜서(Spencer, Herbert)는 '마음이 끌린다는 건 가장 손실이 없는 일상 행동이다'라고 정의했다.

일본의 다도(茶道)에서는 찻잔, 찻숟가락, 다포(茶布) 등을 다루는 일정한 순서를 가르친다. 그것은 초심자에게는 따분하게까지 여겨진다. 하지만 곧 정해진 대로의 그 방법이 결국은 시간과 수고를 줄이는 최상의 방법임을 발견하게 된다. 바꿔 말하자면 가장 낭비가 없는 방식이 스펜서가 말하는 '가장 마음이 끌리는 방법'임을 발견하는 것이다.

사교상의 예의범절이 가지는 정신적 의의는 무엇일까? 영국 역사가 T. 칼라일의 저서 『의상철학(衣裳哲學, Sartor Resartus)』의 말을 빌리자면 '예의와 의식은 정신 수양의 단순한 외피'에 불과하다. 하지만 그 진정한 의의는 외견을 보고 믿게끔 하는 것보다도 훨씬 큰 의미를 가진다.

일본인들의 예의와 의식을 만들어낸 기원과 도덕적 계기를 일본인들의 의식 전례 속에서 알아보는 일은 가능하다. 하지만 그것은 이 저작의 내용에서 거론해야 할 것은 아니다. 강조하고 싶은 것은 예(禮)의 엄격한 준수에는 도덕적인 훈련이 수반된다는 것이다.

우아한 예절은 내적인 힘을 쌓게 한다

일본의 예법(禮法)은 세밀한 부분까지 까다롭게 만들어지고 거기에 다른 체계가 더해져 다양한 유파로 나뉘어졌다. 하지만 본질에 있어서는 하나이다.

일본 예법의 가장 유명한 유파 소속이자 뛰어난 저술가이기도 한 오가사와라 세이무(小笠原成務)는 이에 대해 다음과 같이 서술했다.

"다양한 예법의 목적은 정신을 닦는 것이다. 마음을 고요히 하고 앉아 있을 때에는 흉악한 폭도라도 손쓰기를 꺼려한다. 예법은 거기까지 마음을 연마하는 것이다."

그것은 올바른 예법에 기초하여 일상에서 끊임없이 단련함으로써 몸의 여러 부분과 기능에 올바른 질서를 가지게 하고, 환경에 몸을 조화시켜 정신이 몸을 통제하도록 하는 일을 의미한다. 이는 프랑스어의 점잖다는 뜻인 벵쌍(Bienseance)이 몹시 맑고 새로우며 깊은 의미를 지니고 있는 것과 같다.

마음이 끌리는 방식이 낭비를 줄인 방식이라면 우아한 예법을 끊임없이 실천하는 일은 여분의 힘을 내부에 쌓아가는 것이다. 따라서 훌륭한 예법은 휴식 상태에 있는 축적된 힘을 의미한다.

과거 야만적인 갈리아인이 로마를 약탈했을 때, 개회 중인 원로원에 밀어닥쳐 원로들의 수염을 무례하게 잡아당긴 일이 있었다. 일본인들은 이 사건을 두고 논하기를, 그들 로마 원로의 모습에서 위엄과 강인함이 부족했기에 그러한 일이 벌어지게 된 것이라 여겼다.

그렇다면 정말로 예법을 통해 높은 정신적 경지에 이를 수 있는 것일까?

불가능할 리 없다. '모든 길은 로마로 통한다' 고 한다. 가장 단순한 사실이 예의와 예절로써 지켜야 할 하나의 법도로 성립되고 아울러 정신적 수양까지 되는 것이다.

차(茶)의 경우를 예로 들어보자. 차를 마시는 끽다(喫茶)의 풍습은 힌두교 은둔자의 명상과 함께 시작되었다. 끽다의 기본인 마음의 고요함, 감정의 온화함, 차분한 분위기는 틀림없이 제대로 된 사고와 솔직한 감정을 이루게 하는 첫 번째 조건이다.

일본의 다실(茶室)은 속세의 번잡함에서 격리된 채 먼지 하나 없도록 청결하다. 그래서 그 자체로 사람들의 사고를 세속으로부터 멀리 하도록 도와준다. 다실의 실내는 서양처럼 내부를 장식하는 명화나 골동품 같은 사람의 눈을 홀리는 것이 없어 간소하다. 몇몇 장식물의 존재는 색채의 아름다움보다 다도(茶道)의 우아함을 추구한다.

다도(茶道)의 성립은 전란과 전투가 끊이지 않던 시절, 명상에 뛰어난 한 은둔자에 의해 완성되었다. 하지만 그 목표는 끽다(喫茶)의 세련됨을 높이 갈고닦는 일이다. 이에 반하는 장식류는 치워진다.

끽다에 참가하는 사람들은 예법에 따라 다실의 조용한 공간으로 들어가기 전, 나이의 많고 적음과 전장(戰場)의 잔혹함, 정치상의 좋고 나쁜 일을 버리고 온다. 그리고 다실 안에서 평온함과 우정을 찾았다.

예의는 미적인 감수성으로 나타난다

다도(茶道)는 의식 이상의 것으로 예술인 동시에 시(詩)이며 리듬을 지닌 논리정연한 동작이다. 그것은 정신 수양의 실천 방식이다.

차(茶)의 가장 큰 가치는 이 마지막 부분에 있다. 차 애호가의 마음에는 그 외적인 형태에 집착하는 경우가 적지 않지만 그렇다고 다도의 본질인 정신적인 부분을 부정하지는 않는다.

마찬가지로 예의(禮儀)가 예법(禮法)에 우아함을 덧붙이는 것에 불과하다고 해도 본질적으로 훌륭한 귀중품임에 틀림없다.

그뿐만이 아니라 예의는 자애와 겸손에서 생겨나고 타인에 대한 자상한 마음을 바탕으로 이루어지기에 언제나 우아하고 아름다운 감수성으로 나타난다.

우는 사람과 함께 울고 기뻐하는 사람과 함께 기뻐하는 것이 예에 있어서 반드시 필요한 조건이 된다. 이러한 교훈적 필요 조건은 그것이 일상생활의 세세한 점에 이르렀을 때 사람들의 주의를 별로 끌지 않는 사소한 행위 속에서 나타난다.

그런데 만일 사람들의 주의를 끌 경우, 그것은 일본에 온 지 20년이 되었다는 여성 선교사 말대로 '정말 이상한' 일이 되어버린다.

그녀의 말에 의하면, 어느 무더운 여름날 길을 걷다가 안면이 있는 일본 여성을 만나게 되었다. 말을 걸자 그녀는 즉시 모자를 벗었다. 여기까지는 아주 자연스럽다. 그런데 이야기하는 내내 그 일본 여성은 쓰고 있던 양산을 접고 같이 폭염 속에 서 있었다는 것이다.

얼마나 웃기는 일인가. 하지만 그녀의 동기는 이렇다.

'당신은 폭염 속에 서 계십니다. 나는 당신을 동정합니다. 만약 제 양산이 두 사람 모두 들어갈 수 있을 만큼 크거나 혹은 당신과 나의 관계가 보다 친밀했다면 기쁘게 이 양산 아래에 들일 터입니다. 하지만 지금의 당신과 저의 관계는 그렇지 못하기 때문에 저도 당신과 함께 고통을 나누겠습니다.'

그렇지 않다면 이 장면은 정말로 웃기는 것이 된다.

이와 비슷한, 혹은 보다 해학적인 세세한 행위들은 일본에서는 흔한 일이다. 이것은 일본인들의 단순한 행동이나 습관이 아니다. 다른 사람의 안락함을 배려하는 마음속 깊은 감정의 '표현'인 것이다.

그러나 서구인들은 그들이 느끼는 일본인의 '매우 이상한' 습관에 대해 그것이 일본의 예의 기준에 따라 결정된 것임에도 불구하고 일본인들의 일반적인 생각 습성이 이중적이다라는 식으로 결론지어 버린다. 이 모순의 습성을 보고 들은 외국인들이라면 누구나 당연히 일종의 당혹감을 느낄 것이다.

미국에서는 선물을 할 때 주는 측은 받는 이에게 자기 선물에 대해 자랑한다. 하지만 일본에서는 오히려 자기 선물의 가치를 가볍게 말하거나 낮추어 말한다.

미국인의 마음은 이러한 경우 '이 물건은 굉장한 겁니다. 이게 좋은 물건이 아니라면 당신에게 바치겠다는 생각도 하지 않았을 것입니다. 좋은 물건이 아닌 걸 바친다는 건 당신을 모욕하는 겁니다'가 된다.

이에 반해 일본인의 논리는 '당신은 훌륭한 분입니다. 어떤 선물도 훌륭한 당신에게는 어울리지 않습니다. 제가 당신에게 드리는 선물은 제 감사의 증표로서밖에 받아들여지지 않겠죠. 부디 이 물건을 가치가 아닌 제 마음의 증표로 받아주십시오. 최상의 물건이라 해도 당신에게 어울린다고 말하는 것은 당신의 품격을 상처 입히는 모욕이 될 겁니다'이다.

이 두 가지 사고방식을 비교해 보면 결국 중심이 되는 사상은 같다. 하지만 어느 쪽이든 그다지 '웃기는' 일은 아니다. 미국인은 선물이 되는 물건을 설명하고 일본인은 선물하는 마음을 설명하는 것이다.

일본인들의 행동 하나하나에 일본인의 예의범절에 대한 감각이 나타난다는 것은 사실이다. 하지만 그 안의 세세한 사항을 일본인의 전형으로 일반화하고 원리 그 자체를 판단하는 것은 잘못된 추론 방법이다.

식사를 하는 일과 식사의 예절을 지키는 일은 어느 쪽이 중요한 것일까? 중국의 현인인 맹자(孟子)는 이에 대해 이렇게 말했다.

"먹는 것을 소중히 여기는 문제와 예를 가볍게 여기는 문제를 취해서 비교한다면 어찌 먹는 것만이 더 소중하다고 여길 수 있겠느냐?"

"쇠는 새털보다 무겁다는 것이 어찌 혁대고리 쇠 하나와 수레에 가득 찬 새털과를 두고 한 말이겠느냐?" 〈告子章句 下〉

한 치 두께의 나뭇조각을 들고 절의 탑 위에 선다 해서 누가 그 나뭇조각이 탑보다 높다고 생각하겠는가?

'진실을 말하는 일과 예의 바른 일, 어느 쪽이 소중한가?' 라는 질문에 대해 일본인은 미국인과 정반대의 대답을 한다고 흔히들 말한다. 하지만 이러한 점에 대해서 본인은 정직함과 성실함을 논한 이후로 그 비평을 미뤄두기로 한다.

■ 진정한 무사는 성(誠, 마코토)에 높은 경의를 표한다
■ 무사도와 상인도는 무엇이 다른가
■ 마코토(誠)란 실제 이익이 있는 덕행

진정한 무사는 성(誠, 마코토)에 높은 경의를 표한다

 진실과 성의가 없는 예(禮)는 연극이나 구경거리의 부류로 전락해 버린다. 다테 마사무네는 '도를 넘어선 예는 이미 속임수이다'라고 말했다.
 "마음에 진정한 길이 있다면 빌지 않더라도 신이 지켜주실 것이다."
 이 시를 노래한 옛 시인은 셰익스피어의 『햄릿』에 나오는 폴로니우스의 대사 '가장 소중한 일은 자신에게 성실하라는 것이다. 그리하면 밤이 낮으로 반드시 바뀌듯 다른 사람에 대해서도 성실하지 않을 수 없게 된다'를 뛰어넘는 무언가가 있다.
 공자는 『중용(中庸)』에서 성(誠)을 들어, 초월적인 힘을 그것에 부여하여 거의 신과 동격으로 여겼다. 다시 말해 '정성(精誠)이란 것은 만물의 처음이며 끝이니 성실하지 못하면 만물은 없어지는 것이다' 라고 하였다.

그리고 공자가 열심히 설명한 것에 따르자면, 지성(至誠)은 넓고 심후하며 먼 미래에 이르기까지 변함이 없는 성질을 지니고 있다. 그리고 정성스레 움직이는 일 없이 상대를 변화시키고 또 정성스레 움직이지 않더라도 스스로 목적을 달성하는 힘을 지니고 있다.

일본에서 거짓말을 하는 것, 혹은 얼버무리는 것은 똑같이 겁쟁이, 비겁자로 취급된다. 무사는 자신들의 높은 사회적 신분으로 인해 상인이나 농민보다도 더 높은 '마코토(誠)'의 수준을 요구한다고 생각했다. '무사의 한마디' 혹은 독일어의 '릿타보르트(Ritterwort, 기사의 말)'는 말의 진실성과 신뢰성을 충분히 보증하는 것이었다.

이렇듯 무사의 말은 무게를 지닌 것으로 여겨져 왔으므로 약속은 보통 증명 문서 없이 정해지고 또 실현되어졌다. 도리어 증명 문서는 무사의 체면을 깎아내리는 것으로 여겨졌다. 일본에서는 '두 마디', 즉 앞뒤가 안 맞는 말을 했기 때문에 죽음으로 죄를 치른 무사의 장렬한 이야기가 수없이 많다.

'맹세하지 말지어다'라는 기독교의 명확한 가르침을 셀 수없이 지키지 않은 대다수의 기독교도들과 달리, 진정한 무사는 '마코토(誠)'에 대해 대단히 높은 경의를 표했다. 그래서 맹세하는 것을 두고 스스로의 명예를 상처 입히는 일이라 생각했다.

물론 많은 무사들이 팔백만 신들의 이름을 걸고 맹세했던 것이나 도검에 걸고 맹세했던 사실도 있다. 하지만 그 맹세의 말들이 결코 장난 같은 형식이나 허풍 같은 기도로까지 떨어지지는 않았다. 때로는 그런 말들을 보강하기 위해 문자 그대로 혈판장을 쓰는 행위가 행해졌다.

미국의 어느 저술가가 보통의 일본인에게 물었다.

"거짓말을 하는 것과 예의를 지키지 않는 것 중에서 어느 것이 더 심한 일인가."

그러자 그 일본인은 주저없이 '거짓말을 하는 것'이라고 대답했다.

이 저술가의 주장은 일부는 맞고 일부는 틀리다. 맞는 부분은 보통의 일본인, 아니 무사조차도 그와 같은 답변을 할 것이라는 점이다. 그리고 틀린 점은 그가 거짓말이라는 일본어를 'Falsehood', 즉 거짓, 허위, 그릇된 생각이라고 번역하여 그 말에 너무 무게를 두었다는 점이다. 거짓말[噓]이라고 하는 일본어는 '진실(마코토, 誠)이 아니다', 혹은 '참말이 아니다' 전부를 표시하기 위해 사용되는 말이다.

일본인, 혹은 어느 정도 교양이 있는 미국인에게, '당신은 저를 싫어합니까?' 혹은 '당신은 위가 아픕니까?'라고 물어본다고 가정하자. 그 사람은 전혀 주저하지 않고 거짓말을 할 것이다. '아뇨, 저는 당신을 매우 좋아합니다', '저는 매우 건강합니다'라고 답할 것임에 틀림없다. 하지만 단순히 예의를 차리기 위해 진실을 희생하는 것은 '허례' 혹은 '감언에 의한 기만'으로 치부된다.

무사도와 상인도는 무엇이 다른가

무사도의 '마코토(誠)'의 이념에 대해 적고 있지만 여기서 일본의 상인도에 대해 언급한다 해서 장소를 잘못 찾은 것은 아닐 것이라 생각한다. 왜냐하면, 외국의 책이나 잡지에서 이에 대한 정말로 많은 불평불만을 들어왔기 때문이다.

일본 국민에 대한 평판 가운데 '제멋대로인 상업 도덕'이라는 악명은 최대의 오점이다. 하지만 그것을 비난하거나 일본인 전체를 성급하게 정의 내리기 전에 냉정한 연구가 필요하다. 이를 통해 앞으로는 지금의 비난을 부드럽게 바꿀 수 있을 것이다.

사람들이 살아가는 세상의 여러 다양하고 훌륭한 직업 중에서 상인과 무사만큼 동떨어진 직업도 없다. 상인은 사회적 신분 계층으로 보자면 사농공상(士農工商)의 최하위에 놓여져 있다. 무사도 만약 그럴 마음만 있다면 녹으로 받은 토지의 가정농원에서 농작을 할 수 있었지만 돈 계산이나 주판은 철저히 싫어했다.

프랑스의 계몽사상가이자 『법의 정신』의 저자인 몽테스키외(Montesquieu, Charles Louis Secondat 1689~1755)는 귀족들에게 상업을 단념하게 하는 것이야말로 권력자에게 부를 집중시키지 않는 칭찬할 만한 정책이라고 분명하게 말했다. 권력과 부의 분리는 부의 분배를 보다 평등에 가깝게 하는 데 도움이 된다. 『서로마제국 최후 세기의 로마 사회』의 저자인 딜(Dill 1844~1924) 교수는 로마제국 몰락의 원인 가운데 하나로 귀족들이 상업에 종사하는 것을 허가하고 그로 인해 극소수의 원로들과 그 가족들이 부와 권력을 독점했기 때문이라고 밝힌 바 있다.

이상과 같은 제약이 있었기에 일본 봉건제도 하의 상업은 보다 자유로운 상황 아래서라면 능히 도달할 만한 발전 정도에 이르지 못했다. 상업에 대한 좋지 못한 관념은 도리어 세상의 평판 따위는 전혀 신경 쓰지 않는 무뢰배들을 불러 모으는 결과를 낳았다.

"사람을 도둑으로 부르면, 그는 물건을 훔치게 될 것이다."

어떤 직업에 좋지 않은 말을 붙여보아라. 그러면 그 직업에 종사하는 자는 그에 대한 도덕을 그 말에 맞출 것이다. 휴 블랙(Hugh Black)이 말한 바와 같이 '정상적인 양심은 요구되어지는 만큼 상승하고, 기대되어지는 수준의 한계에까지 쉽게 타락한다'는 것은 당연한 일이다. 상업이든 다른 생업이든 간에, 직업에는 나름의 도덕률이 없으면 교섭이 성립되지 않음은 명확하다.

봉건시대의 일본 상인들도 동료 간의 도덕률을 가지고 있었다. 그렇지 않았다면 직업 단체, 환전상, 경매, 보증서, 어음, 환어음 등의 기초 상업제도를 발전시킬 수는 없었을 것이다. 다만 상인들은 동종 직업 이외의 사람들과의 관계에 있어서 그 신분에 부여된 평판 그대로 행동했다.

일본이 개국하고 외국 자본이 들어오게 되었을 때, 운수만 좋다면 한몫 크게 잡아보자는 무절제한 상인 부류들만이 개항장 주위에 몰려들었다. 반면 내실 있는 상가들은 개항장에 지점을 열라는 막부의 요청을 계속 거절했다.

그렇다면 이 시대에 있어서의 무사도는 상업의 불명예스러운 조류를 막는 데 무력했던 것일까? 그것을 생각해 보자.

마코토(誠)란 실제 이익이 있는 덕행

일본사를 잘 아는 인물이라면 주지의 사실이겠지만, 봉건제도는 외국과의 무역을 위해 일본의 항구가 열린 지 겨우 몇 년 후에 무너져 버렸다. 그와 동시에 무사의 봉록이 몰수되고 공채가 발행되어 지급되었다. 무사들에게는 공채 자금을 상업에 투자할 자유가 부여되었다.

여기서 독자들은 묻고 싶을 것이다.

"왜 그들은 그런 멋진, 스스로도 자랑스럽게 생각하고 있던 마코토(誠)를 새로운 사업에도 끌어들여 낡은 악습을 바로잡지 않았는가?" 아쉽게도 이 당시의 무사들에게는 경쟁 상대이자 농간에 익숙한 하층 계급의 상인들과 나란히 서서 빈틈없이 대처해 나갈 힘과 능력이 전혀 없었다. 상업과 공업이라는 익숙치 않은 새로운 분야에 뛰어든 무사들은 돌이킬 수 없을 정도로 큰 실패를 맛보았다.

미국 같은 산업국가에서조차 실업가의 80%는 실패한다고 할 정도이니 상업에 손댄 무사들 중 100명에 한 명 정도가 겨우 새로운 직업에 성공하였다 해도 이상한 일은 아닐 것이다.

무사도의 도덕을 사업 운영에 적용하다가 얼마나 많은 자산이 소멸되었는지를 확인하려면 많은 시간이 필요할 것이다. 하지만 통찰력 있는 사람이라면, '부의 길'이 '명예의 길'이 아님을 분명히 알 수 있을 것이다. 그렇다면 이 두 개의 길은 어떤 점이 다른 것일까?

영국의 역사가인 렛키(Lecky, Willam E.H 1838~1903)는 마코토(誠)가 운용되는 세 가지 요인을 들고 있다. 산업, 정치, 철학의 세 가지이다.

첫 번째인 산업에 있어서 무사도는 존재하지 않는다.

두 번째인 정치에서는 봉건제도 하의 정치 사회에서 많은 발전을 바라기 어려웠다.

세 번째인 철학에서는 정직함이 덕목 중에서도 높은 지위를 얻을 수 있었다. 그것은 말 그대로 철학적인 최고의 표현이었기 때문이다.

언젠가 한 학자에게 앵글로-색슨 민족의 높은 상업 도덕의 근거를 묻자, '정직함은 이득이 된다'라는 답변이 돌아왔다. 다시 말해 정직이야말로 최고의 방법이었다. 그렇다면 이 덕은 그 자신의 '대가(代價)'가 아닌가? 그렇다고 한다면 정직을 지켜낸다는 것은 거짓을 말하는 것보다 더 많은 돈이 돌아오게 되는 것이다. '정직이 돈이 되므로 이것을 지킨다' 라는 원칙이 선다면 무사도야말로 수지가 맞아야 하는 것이 아닌가 생각한다.

렛키가 '마코토(誠)는 개인의 성장을 주목적으로 하기에 상업과 공업에 질 수밖에 없다' 라고 말한 것은 진실로 옳다. 다시 말해 니체가 말한 것처럼 정직은 여러 가지 덕목 중에서도 가장 괴롭고 높은 교양을 가진 사람의 마음속에서만 자라날 수 있는, 명문에서 태어난 고아 같은 것이다.

그러한 마음은 무사들에게는 일반적이었다. 하지만 보다 민주적인, 또한 실리적인 계모가 없다면 이 허약한 고아를 건강하게 키우기는 불가능할 것이다.

상업이 발달함에 따라 마코토(誠)는 실천하기 쉬운, 도리어 실익 있는 덕행이라는 것이 명확해졌다. 독일의 철혈 재상 비스마르크가 독일제국의 재외영사들에게 훈령을 보내어 '독일 함선의 화물은 명확하게 질과 양, 모두에서 신뢰도가 떨어진다' 라고 경고한 것은 1880년 11월의 일이었다. 이후 더 이상 독일의 부주의 혹은 불공정에 대해서 들을 수 없게 되었다. 이 사이에 독일의 상인들은 결국 정직이 이득이 된다는 것을 배운 것이다.

이와 관련하여 일본의 문서에서는 '은혜롭게 빌린 돈 변제를 게을리하면 중인들 앞에서 웃음거리가 되어도 할 수 없사옵니다' 라든지

'빌린 돈 갚지 않는 자는 바보와 나란히 비웃음 당하게 될지어다' 등의 문언으로 성실과 명예가 약속어음의 형태로 건넬 수 있는 가장 확실한 보증이면서 극히 일반적인 일임을 서술한 것도 흥미 깊은 일이다.

과연 무사도의 마코토(誠)가 용기 이상의 높은 동기를 가지는가? 거짓을 증언하는 것에 대해 어떤 적극적인 형벌이 없는 가운데 거짓말을 하는 것을 죄악으로 여겨 책망하지는 않았다. 오히려 무사에게 커다란 불명예가 되는 나약함으로 보고 비판받았다.

실제로 정직의 관념은 명예와 나눌 수 없을 만큼 혼합되어져 있다. '정직(正直)'의 라틴어와 독일어 어원은 '명예(名譽)'와 일치한다. 그러므로 이제 무사도의 명예관을 고찰해 볼 때가 왔다.

8

무사도의 구현 여섯: 명예(名譽)

- 불명예는 사람을 크게 키운다
- 무사도는 왜 인내의 극치에 이르렀는가
- 명예는 이 세상에서 '최고의 선'이다

불명예는 사람을 크게 키운다

명예(名譽)라고 하는 감각은 개인의 존엄과 뚜렷한 가치적 의의를 포함하고 있다. 무사 계급이 의무와 특권을 중시한 것처럼, 명예는 어릴 때부터 가르치는 무사의 특색과도 같은 것이었다.

오늘날 'Honour'의 번역어가 되고 있는 명예란 말은 자유롭게 사용되지는 않았다. 하지만 그 관념은 '이름', '체면', '외관' 등의 말로 표현되어져 왔다. 이 단어들은 각각 성서에 사용된 'Name(칭호)', 그리스의 가면에서 태어난 'Personality(인격)' 그리고 'Fame(명성)'을 연상시킨다.

일본에서는 명성(名聲)을 사람을 사람답게 하는 부분으로 여기고 그것이 없으면 인간은 짐승과 다를 바 없다는 생각은 극히 당연한 듯 여겼다. 그 고결함에 대한 어떠한 침해도 수치로 여겼다. 그리고 '염치(廉恥)'라고 하는 감성을 중시한 것은 유아 시절의 교육에서도 가장 먼저 행해지는 것이었다.

'사람들에게 비웃음 당한다', '체면을 더럽히지 말라', '부끄럽지도 않은가' 등의 말들은 잘못을 범한 소년의 행위를 바로잡는 비장의 최후 수단이었다. 이러한 명예에 호소하는 방식은 아이들의 심금을 울리는 일이었다. 명예는 강한 공동체 의식인 가족 의식과 연결되어 있는 것이다. 진정한 의미에서는 출산 이전부터 영향을 받고 있다고까지 말할 수 있다.

이는 프랑스의 소설가인 발자크(Balzac, Honore de 1799~1850)가 '가족의 결속이 사라지면 그 사회는 몽테스키외가 이름 붙인 명예라고 하는 근본적인 힘을 잃어버린다'라고 한 말과 통한다.

염치(廉恥)는 인류 도덕 의식의 출발점이다. 이브가 금단의 나무 열매를 입에 대면서 인류가 받게 되었던 최초이자 최후의 벌은 낳는 고통도 가시덩굴의 아픔도 아닌 수치란 감각에 눈뜬 것이다. 인류 최초의 어머니가 우수에 젖은 남편이 가지고 돌아온 무화과 잎으로 가릴 것을 만들고 있는 광경만큼 비애에 찬 사건은 그때까지의 역사에 없던 일이다.

불순응이 빚어낸 이 최초의 잘못은 다른 어떤 것보다도 강력하게 인간의 의식에 밀착되어 있다. 인류는 어떤 재봉 기술로도 수치심을

효과적으로 가릴 수 있는 천을 짜는 데는 실패할 수 밖에 없을 것이다.

어느 무사의 소년 시절, 약간의 수치는 그의 인격을 상처 입히지 않았다는 것은 옳다. 그는 '불명예는 나무의 잘린 상처와 같아 시간이 흘러도 지워지지 않지만, 그것은 오히려 나무를 크게 키워준다'라고 바르게 말했던 것이다.

영국의 평론가이자 역사가인 칼라일(Carlyle, Thomas 1795~1881)이 '수치는 모든 덕, 훌륭한 행동, 뛰어난 도덕의 토양이다'라고 논한 것과 거의 같은 내용을 맹자는 이미 수세기 전에 가르쳤다.

일본의 문학에서도, 세익스피어가 노포크 백작의 입을 빌어 말한 웅변만큼은 아닐지 모르지만, 치욕의 공포는 대단히 큰 존재였다. 그것은 어떤 무사의 머리 위에도 말총 하나에 매달린 다모클레스의 검과 같이 위협적으로 작용해 병적인 기질을 띠게까지 했다.

명예라는 이름 하에 무사도의 규칙 중에서도 용서받을 수 없는 행위가 저질러졌다.

어떤 마을 사람이 무사의 등에 이가 붙어 있는 것을 보고 좋은 마음에서 알려주었는데 그 무사는 '이는 가축에나 기생하는 것이다. 고귀한 무사를 가축과 같이 말한 것은 용서할 수 없는 모욕이다'라는 저속한 이유로 그 마을 사람을 두 조각 내버렸다.

그것은 이유라기보다는 '모욕을 받았다'는 망상으로 성급하게 화를 내며 칼을 뽑은 것이다. 그리고 이런 저속한 칼부림 사태는 적지 않게 일어나 죄없는 많은 사람들의 생명이 흩어졌다고 한다.

이런 류의 이야기는 너무나 바보스러워 믿기 어렵다. 그러나 이러한 이야기들이 세간에 유포된 데에는 다음의 세 가지 이유를 생각해 볼 수 있다.

첫째, 이러한 이야기는 마을 사람들이나 백성을 위압하기 위해 만들어졌다. 둘째, 무사의 명예라고 하는 특권을 돌이켜 보게 하기 위해 만들어진 악습이다. 셋째, 무사들 사이에서 부끄러움을 알리기 위해 전해지고 있다.

이렇게 정당하지 않은 예로 무사도에 비난을 퍼붓는 것은 정말이지 비상식적인 일이다. 그러한 태도는 광신과 과격의 산물인 종교 재판을 보고 기독교의 진실한 가르침을 위선 행위로 판단하는 것과 다르지 않다.

무사도는 왜 인내의 극치에 이르렀는가

명예에 대한 무사의 극단적인 감각 가운데에도 높은 덕이 있다. 명예를 위한 섬세한 규율이 병적인 맹신에 빠져들기 쉬운데 그것은 관용과 인내를 설파함으로써 확실히 상쇄된다. 그래서 별것 아닌 도발에 화를 내는 것은 '성급함'이라 여겨 조롱받았다.

잘 알려진 격언에 '도저히 인내할 수 없는 것을 해내는 것이 인내'라는 것이 있다. 도쿠가와 이에야스는 좌우명에서 '사람의 일생은 무거운 짐을 지고 먼 길을 가는 것과 같다. 서두르지 말지어다. 부자유를 일상사로 생각하면 그리 부족한 법은 없는 법. 마음에 욕망이 샘솟거든 곤궁할 때를 생각할 지어다. 참고 견딤은 무사장구(無事張久)의 근원이요, 노여움은 적이라 생각할지어다. 이기는 것만 알고 지는 일을 모르면 해가 그 몸에 미치는 법. 미치지 못하는 것이 오히려 지나친 것보다 나으리라'라고 말하고 있다. 이에야스는 자신이 말한 바를 자신의 일생으로 증명했다.

어떤 사람은 세 위인의 특징을 너무나 잘 전하고 있는 경구를 전했다. 오다 노부나가는 '울지 않으면 죽어버려라, 두견새', 도요토미 히데요시는 '울지 않으면 울게 해보이리, 두견새', 도쿠가와 이에야스는 '울지 않으면 울 때까지 기다리노라, 두견새' 라고.

또한 인내는 맹자에 의해서도 높이 추천되었다.

"내 옆에 누가 와 알몸이 된다 해도 놀라거나 하여 스스로를 더럽히지 말지어다." 〈공손추장구(公孫丑章句) 상22〉

그대가 설혹 내 옆에서 옷을 전부 벗는 무례한 태도를 취한다 해도 그것은 그대가 무례를 범한 것에 지나지 않으며 나를 더럽힐 수는 없다는 의미이다. 또 대단치 않은 모욕에 화를 내는 것은 뛰어난 인물에게 어울리지 않지만 대의를 위한 의분(義憤)은 정당한 분노임을 가르치고 있다.

무사도가 무작정 싸우지 않고 도리어 저항하지 않는 인내의 극치에 도달한 점에 대해서는 무사도를 신봉했던 사람들의 말 중에서 그 실례를 찾아볼 수 있다.

예를 들면 고카와는 '사람의 무고함을 의심치 말고 스스로가 믿는 바대로 하라'고 했으며 쿠마자와는 '사람은 책망하지도 책망당하지도 말고 분노하거나 분노케 하지도 말고 분노와 욕심을 버려야 비로소 항상 마음이 즐겁도다'라고 말하고 있다.

또 한 가지 예로 '부끄러움도 주저앉는 것을 부끄러워한다'라고 항상 염두에 두었던 사이고난슈의 유훈을 인용해 보자.

"도는 천지자연의 것으로 이것을 행하는 자가 된다면 하늘을 공경하는 것을 목적으로 하게 된다. 하늘은 사람도 나도 똑같이 사랑하므로 나를 사랑하는 마음을 가지고 사람을 사랑하라."〈西鄕南州 유훈24〉

"사람을 상대로 하지 말고 하늘을 상대로 하라. 하늘을 상대로 하여 스스로 최선을 다하며, 사람을 책망하지 말고 나의 진심이 모자람을 탓해야 마땅하다."〈西鄕南州 유훈25〉

이런 말들은 우리들에게 기독교의 교훈을 생각나게 한다. 그리고 실천적인 도덕에 있어서 자연종교가 어느 정도의 철학종교에 접근할 수 있는가를 나타내고 있다. 이러한 말들은 단순히 말로써 전해지는 것이 아니라 실제 행동에 의하여 체현된 것들이다.

**명예는 이 세상에서
'최고의 선'이다**

우리는 명예라는 형태를 만들어내는 것이 도대체 무엇인지 반드시 알아두지 않으면 안 된다. 하지만 그것에 대해 명백하게 일반화하여 규정지어진 것이 없다는 사실은 매우 아쉬운 일이다.

명예는 '역경에서부터 태어나는 것이 아니라' 각자가 자기의 역할을 충실히 해내는 것에 있음을 알아차린 사람은 덕의 경지를 이룬 극소수뿐이다. 더불어 관용, 인내, 관대함이라고 하는 숭고한 경지까지 도달한 사람은 극히 드물다. 젊은이들은 맹자로부터 배운 것을 행동하면서 너무나 쉽게 잊어버리기 때문이다.

맹자는 "귀하게 되려고 하는 마음은 사람마다 다 같다. 자기가 고귀한 것을 가지고 있으면서도 그것을 알지 못하고 있다. 남이 귀하게 만들어주는 것은 참으로 귀한 것이 아니다. 조맹이 귀하게 만들어준 것은 조맹이 그것을 천하게 만들 수도 있다."〈告子章句 上 156〉고 말했다.

하나 일본의 무사들은 모욕에 대해 즉시 분개하여 목숨을 걸고 보복하였다. 그러면서도 한편에서는 명예가 허명이나 세간의 아첨에 지나지 않는다 해도 이 세상에서 '최고의 선'으로 상찬받았다.

일본의 젊은이가 추구하지 않으면 안 될 목표는 부(富)나 지식이 아니라 명예였다. 많은 젊은이들이 자신의 집 대문을 나서며 '세상에 나가 이름을 떨칠 때까지 두 번 다시는 이 문을 넘지 않을 것이다'라고 스스로에게 맹세했다. 또 자신의 아들에게 커다란 기대를 맡긴 많은 모친들은 자식들이 '금의환향(錦衣還鄕)'이라는 말 그대로 '고향에 돌아올' 때까지는 그들과 재회하기를 거부했다.

오사카 진의 겨울 결전의 날, 이에야스의 어린 아들 도쿠가와 요리노부는 부친에게 자신을 선봉에 넣어달라고 열심히 간청하였다. 하지만 그것은 허락받지 못하고 후진에 놓여졌다. 그리고 낙성의 소식을 듣자, 어린 요리노부는 너무나 분한 나머지 눈물을 흘렸다.

곁에 있던 노신이, '그리 괴로워 마십시오. 나중에 반드시 기회가 올 테니 실망하실 것까진 없습니다'라고 요리노부를 위로했다. 그러자 요리노부는 노신을 노려보며 '요리노부 14세의 때가 또 있을 수 있단 말인가!'라고 한탄했다 한다.

명예나 명성을 얻을 수만 있다면 생명쯤은 값싼 대가라고까지 여겼다. 그리하여 생명보다 중요하다는 근거만 있다면 생명은 언제라도 조용히 버려 버릴 수 있는 것이었다. 어떠한 희생을 치르더라도 상관없다고 여겨지는 그 안에 충의(忠義)가 있었다. 그것은 봉건제도 안의 수많은 덕들을 연결하고 균형을 이루는 아치와도 같은 요석(要石, 바둑에서 작전상의 가치나 비중이 높아 버려서는 안 되는 중요한 돌)이었다.

- 일본인의 충의란 도대체 무엇인가
- 명령에 대한 절대적인 순종이 존재하였다
- 무사도는 개인보다 나라를 중시한다
- '무사의 진정한 충의'는 여기에 있다

일본인의 충의란 도대체 무엇인가

 봉건 도덕은 많은 덕목을 윤리 체계나 다른 계급 사람들과 공유하고 있다. 하지만 이 충의(忠義)라고 하는 덕목, 다시 말해 주군에 대한 순종의 예와 충의의 의무는 봉건 도덕을 두드러지게 특색 짓고 있다.
 이러한 개인, 즉 주군이나 지도자에 대한 충성이 여러 종류의 사람들과 여러 가지 환경의 사람들에게 존재하는 도덕적인 끈이 된다. 소매치기 일당조차 두목에게 충성을 바친다. 하지만 충성심이 가장 중시되는 것은 무사도에서의 명예 규범뿐이다.
 독일 관념론 철학의 대가인 헤겔(Hegel, W. Friedrich 1770~1831)은 봉건시대 신하의 충성이 나라를 향한 것이 아니라 개인에 대한 의무라는 점을 지적하며, 그러한 의무는 불공정한 원리 위에 세워진 인연이라며 비판했다.

그럼에도 불구하고 같은 나라 사람인 비스마르크는 개인에 대한 충성이 독일인들의 미덕임을 자랑스러워했다. 그가 그렇게 믿을 만한 이유는 충분히 있었다. 그가 자랑스럽게 여겼던 'Treue(충의)'는 조국, 혹은 단일국가, 단일민족의 전매특허가 아니라, 독일 같은 봉건제가 오랫동안 지속된 국가의 국민들 사이에 기사도의 가장 호감스러웠던 과실이 가장 늦게까지 남아있었기 때문이다.

'만인의 평등'을 노래하고, 아일랜드 사람들이 거기에 추가해 '동시에 보다 뛰어나다'라고 말했던 미국에서조차 일본인이 주군에 대해 느끼는 것과 같은 엄선된 충의에 대한 사고방식을 '일정 범위에 있어서는 대단하다'고 여겼음이 분명하다. 하지만 일본인들이 장려한 만큼은 아니었다고 생각되어진다.

몽테스키외는 '피레네 산맥 이쪽 편에서 옳은 것은 저쪽 편에서는 틀린 취급을 받는다'라고 한탄한 적이 있다. 1894년 유대계 사관 드레퓌스(Dreyfus)가 스파이 혐의로 누명을 썼던 '드레퓌스 사건'의 국수주의적 유죄 판결은 그 말이 옳음을 증명하고 있다.

이렇듯 일본인이 생각하고 있는 충의는 다른 나라에서는 그 신봉자를 거의 발견할 수 없을 것이다. 그것은 일본인들의 사고방식이 틀렸기 때문이 아니다. 다른 나라에서는 충의를 잊어버렸던가, 일본인들이 그러한 사고방식을 극도로 발달시켰기 때문이다.

아일랜드 독립운동의 지도자인 그리피스(Griffith, Arthur 1872~1922)는 '중국에서는 유교의 윤리로 부모에의 순종을 인간의 제1책무로 가르치지만, 일본에서는 충의가 우선된다' 라고 논했다.

명령에 대한 절대적인 순종이 존재하였다

선량한 독자 중 몇 명인가를 놀라게 할 위험을 범하기로 하며, 셰익스피어가 말한 것처럼 '덜떨어진 주군을 섬기며 굳이 고난을 함께한다' 그리고 '이야기 속에 이름을 남긴' 사람들에 대해 말하고자 한다. 일본 사상 길이 남을 만한 위대한 인물 스가와라 미치자네(菅原道眞)에 대한 이야기이다.

미치자네는 질투와 참언(讒言)의 희생물이 되어 교토로부터 추방당했다. 하지만 무자비한 그의 적은 그것만으로 만족하지 못하고 미치자네의 일족을 뿌리 뽑고자 획책하였다. 아직 병약한 미치자네의 어린 자식을 엄중하게 탐색하여, 미치자네의 종자(從者)였던 타케부 겐조의 거처인 작은 절에 숨어 있다는 것을 알아냈다. 그리고 적은 겐조에게 어린 죄인의 목을 정해진 날까지 보내도록 하는 명령을 전달했다.

그때 겐조가 우선 생각해 낸 것은 아이와 바꿔치기할 아이를 찾는 일이었다. 겐조는 자신이 있는 곳이 절이라는 것에 착안하여 거기에 오는 아동들을 잘 살펴보았다. 하지만 그 지방에서 태어나 자란 아이들 중 겐조가 몰래 바꿔치기하고자 하는 어린 주군을 닮은 아이가 없었다. 하지만 겐조의 절망은 한순간뿐이었다.

나이도 어린 주군과 비슷하며 생김새도 닮은 아이가 이 절에 입문해 온 것이다. 품성 좋아 보이는 모친이 데려온 아이의 모습은 흡사 어린 주군과 같았다.

그런데 어린 주군과 아이가 많이 닮았다는 것을 그 어머니와 아이가 먼저 알아차렸다. 그리하여 모자는 다른 사람들의 눈이 닿지 않는 장소에서 스스로를 신불의 제단에 바칠 결심을 한다. 아이는 그 생명을, 어머니는 그 마음을. 하지만 어머니와 아들은 그런 각오를 일절 밖으로 표시하지 않았다.

한편 겐조는 모자 두 사람 사이에서 행해진 일은 모른 채 그 아이를 바꿔치기할 생각을 하고 있었다. 그리고 마침내 제물이 될 어린 양이 정해졌다.

이 이야기의 나머지 부분은 간단히 줄여 말하도록 하겠다. 정해진 날에 어린 주군의 수급을 확인해 받아오도록 명령받은 신하 마츠오마루가 왔다. 과연 그는 가짜 수급을 알아챌 것인가. 가련한 겐조는 그 칼자루에 손을 얹고, 만약 이 음모가 검시 역에 의해 발견된다면 즉석에서 그 검시 역을, 혹은 자기 자신을 한칼에 벨 결의를 마쳤다. 검시역 마츠오마루는 앞에 놓여진 수급을 들어올려 그 특징을 하나하나 극히 냉정하게 관찰했다. 그리고 잠시 후, 태연한 태도로 그 수급이 틀림없는 진짜라고 말했다.

그날 밤, 아이의 모친은 사람들이 오가는 기색 없는 집에서 무언가를 기다리고 있었다. 미동도 하지 않은 채 대문을 지켜보며 기다리던 것은 아들의 귀가가 아니었다.

그녀의 시아버지는 오랜 기간에 걸쳐 미치자네 공에게 은총을 받았었다. 하지만 공이 유배되자 그녀의 남편 되는 사람은 은인의 적인 후지와라 도키다이라를 섬길 수밖에 없었다.

그렇다고 하더라도 지금 자신의 주군에 대한 불충은 용서받을 수 없는 일이었다. 그러므로 아들을 조부의 주군을 위해 훌륭하게 바친 것이다. 그리고 유배된 일족과 아는 사이라는 이유에서, 그녀의 남편 마츠오마루는 어리디어린 자기 자식의 목을 검사하는 명을 받았던 것이다.

그날 하루 중의, 아니, 인생에 있어서 가장 가혹한 역할을 마치고 남편은 귀가하였다. 그리고 대청을 뒤로하고 대문을 닫은 순간, '우리의 사랑스런 아이는 훌륭하게 맡은 바를 해내었다오. 기뻐하오, 마누라!'라고 외쳤다.

"이 무슨 잔혹한 이야기인가!"

"세상에! 다른 아이의 목숨을 구하기 위해 아무 죄 없는 자신의 아이를 무참하게도 희생하다니!"라는 독자들의 목소리가 들리는 듯하다.

하지만 이 아이는 자신이 죽는 이유를 알고 스스로 희생된 것이다. 게다가 이것은 제물을 바꿔치기한 이야기이다.

창세기에 나오는 아브라함이 자신의 아이 이삭을 신의 제물로 하고자 했던 이야기와 거의 비슷하리만큼 괴로운 이야기지만 그 이상으로 저주스러운 이야기도 아니다.

이런 경우, 희생자는 눈에 보이는 천사에게 바쳐진 것일까? 혹은 눈에 보이지 않는 천사의 소명에 의한 것일까? 혹은 육성으로 그 목소리를 들은 것일까? 또는 마음속의 귀로 그것을 들었던 것일까?

그 어느 쪽이라 해도 의무를 명하는 데 대한 순종, 그리고 보다 높은 세계로부터의 명령에 대한 절대적인 순종이 존재했던 것이다.

무사도는 개인보다 나라를 중시한다

서양의 개인주의는 아버지와 아들, 남편과 부인에 대해서 각각 개별의 이해를 인정하고 있어 사람이 다른 사람들에 대해 지는 의무는 눈에 띄게 경감되고 있다. 하지만 무사도는 일족의 이해와 그 개개의 구성원의 이해는 일체불가분으로 본다.

무사도는 이 이해를 애정, 다시 말해 자연스럽고 본능에 의한 것으로 여기며 결코 다른 사람이 대신할 수 없으리만치 강하게 연결되어져 있다.

그런데 만약 우리들이 동물조차도 가지고 있는 자연애에 의해서 사랑하는 사람을 위해 죽는다면 그것은 무엇이라 할 것인가?

"그대를 사랑해 주는 자들을 사랑하는 데 어떤 보답이 있길 바라는가. 그것이 세금 내는 사람과 무엇이 다르다 하겠는가."

라이 산요(賴山陽 1780~1832)는 그의 대저작 『일본외사(日本外史)』에서 아버지 하루나리의 법황에 대한 반역에 대해 그 아들 시게나리의 고통을 '충을 다하고자 하면 효가 되지 않고, 효를 다하고자 하면 충을 이룰 수 없다'라며 감동적으로 그리고 있다.

우리들은 후에 시게나리가 자비로운 하늘이 그에게 죽음을 보내어, 정의가 세상에 살기 힘든 현세로부터 자기 몸을 해방시켜 주기를, 순수를 지켜주길 하늘에 비는 모습을 볼 수 있다.

일본에서는 시게나리와 같은 처지의 사람들이 의리와 인정의 좁은 틈에 끼어 그 마음이 찢어지는 경험을 하였다. 이런 일본의 '효(孝)'라고 하는 사상은 셰익스피어에도 『구약성서』에서도 적절한 예를 찾아보기 힘들다.

무사도는 그런 좁은 틈에 끼인 경우 주저하지 않고 충의를 고른다. 여성 또한 자신의 아이에게 주군을 위해서라면 모든 것을 바치도록 장려하고 있다. 무사도는 세 아들과 함께 전사한 영국의 찰스 1세의 신하인 윈덤과 그 유명한 윈덤부인과 같이, 무사들의 부인들도 용감하게 충의를 위해 자신의 아들을 포기할 용의가 있도록 만들었다.

그리스의 철학자 아리스토텔레스(Aristoteles)나 몇 명의 현대 사회학자들은 무사도가 개인보다 나라를 우선시한다고 여긴다. 다시 말해 개인은 '국가를 이루는 구성 부분으로서 태어난다'라고 하는 것이다. 그리하여 개인은 나라를 위해, 혹은 그 합법적 권위를 위해 살고 또 죽지 않으면 안 된다.

플라톤의 저작 『크리톤(Kriton)』의 독자라면 소크라테스가 도주 문제에 있어 국가의 법률에 대해 논의하고 있는 변론을 상기할 수 있을 것이다. 소크라테스는 법률과 국가에 대해 다음과 같이 말하고 있다.

"그대는 국가 밑에서 태어나고 자랐으며 교육받았으면서, 그대와 그대의 선조도 국가의 아이나 하인이 아니라고 굳이 말하는 것인가?"

이 말은 일본인에게는 특별한 인상을 주지 않는다. 같은 일이 무사도에서는 예전부터 논의되어 오던 것이기 때문이다. 굳이 더 말한다면, '일본인들에게 있어서 법률이나 국가는 한 사람의 인격에 상당한다'라는 수정이 필요할 것이다. 충의라는 것은 완전히 이 정치 이론의 결과인 것이다.

영국의 철학자 스펜서(Spencer, Herbert)가 말하는 정치적 복종, 즉 충의는 과도적 기능에만 귀속된다는 견해를 전혀 모르는 바가 아니다. 그것이 옳은 것일지도 모른다. 하루의 덕은 그날 하루로 충분하다. 우리들은 차고 모자람을 알면서 하루하루를 반복한다. 특히 일본인에게 있어 그 하루라고 하는 것은 진실로 긴 기간인 것이다. '자갈돌의 반석이 되어 이끼가 될 때까지'라는 일본 국가의 한 부분을 믿고 있으므로 더욱.

이는 영국인과 같은 민주주의에 익숙한 국민들 사이에서조차 게르만인 선조가 그들의 수령에 대해 품었던 한 사람의 인간과 그 자손들에 대한 인격적인 충성의 감정을 그대로 이어받아 왕실에 대한 이상할 정도의 애착을 표하고 있다. 그리고 그것은 많든 적든 간에 그 군주의 혈통에 대한 마음으로부터 우러나와 충의로 변화하였다는 것을 상기하자.

스펜서는 '정치적 종속은 결국 충의나 양심이 명하는 것과 그 자리를 맞바꿀 것이다' 라고 말했다. 그의 귀납적 지론이 만약 실현된다고 가정한다면 충의와 충의에 동반되는 경애는 영원의 저편으로 사라져 버리는 것일까?

일본인들은 그 충성심을 한 주군에서 다른 주군으로, 그 어느 쪽에도 불충이 되지 않도록 옮겨간다. 그때 일본인들은 일시적으로 이 세상의 권력을 장악하고 있는 왕자의 가신이자 우리들 마음속 깊은 곳에서부터 옥좌에 앉은 천제의 하인이 된다.

한때 스펜서의 불초제자들에 의해 시작된 바보 같은 논쟁이 일본의 독서계를 흔들었던 적이 있다. 어떤 이는 그 어떤 존재와도 바꿀 수 없는 유일불가분의 충성을 원하는 천황을 옹호하는 데 열심인 나머지 기독교도가 예수에게 충성을 맹세한다는 사실을 완전히 대반역의 증거라며 비난했다. 그들은 수사학자의 기지(奇智)도 가지지 못하고 소피스트(Sophist, 수사학자)적인 의론(議論)을 벌였으며, 스콜라 학도의 실증성이 빠진 스콜라적 학설을 늘어놓았다.

그들은 '한사람의 주인에게 집착하는 일 없이, 다른 주인을 가볍게 여기는 일 없이 두 주군을 섬긴다'는 사실이 가능하다는 것을 몰랐다. 다시 말해 '카이사르의 것은 카이사르에게, 신의 것은 신에게'라는 것을 몰랐던 것이다.

소크라테스는 자기 양심에 대해 단 한 가지도 양보하는 일 없이 충성과 평정심을 가지고 국가의 명령에 따르지 않았는가. 소크라테스는 살아서는 자신의 양심에 따르고, 죽어서는 국가에 자신을 바쳤다. 국가가 국민에게, 그 양심에 대한 지시까지도 내리는 것만큼 슬픈 일은 없을 것이다.

'무사의 진정한 충의'는 여기에 있다

무사도는 우리들의 양심을 주군이나 국가에 팔아넘기라고는 명하지 않았다. 토마스 모프레가 다음과 같이 말하여 일본인들의 좋은 대변자가 되어주었다.

> 존애하는 주군이여, 나의 몸을 그대에게 바칩니다.
> 나의 생명은 주군이 명하시는 바대로이며
> 생명을 버리는 것은 나의 의무일지어니,

> 죽는다 해도 묘에 새겨질 나의 명예스러운 이름을
> 어두운 불명예와 함께하지는 않으리.

자신의 양심을 주군의 변덕이나 광태, 즉흥적인 생각 등의 제물로 하는 자에 대해서 무사도의 평가는 어디까지나 엄정했다. 무절제한 아부로 주군의 기분을 좋게 하는 데만 열중하는 간신배와 총신, 노예처럼 무작정 주군을 추종하며 뜻에 따르기만 하는 자들은 경멸되었다. 이러한 두 종류의 가신(家臣) 중 하나는 자기 자신을 추종하는 데서 유래하는 정(情)에 빠지거나 너무나 순종한 나머지 주군의 당나귀처럼 자신을 소비하며 비겁한 소인배들이 되어버리는 자들이다.

다른 하나는 그 행위가 거짓되며 마음속에서는 자기만을 생각하는 어리석은 자들이다. 주군과 의견이 갈렸을 때, 가신이 취해야 할 바른 충절의 길은, 세익스피어의 작품 『리어왕』에서 켄트 공이 리어왕에게 했던 것처럼 주군이 주장하는 바가 잘못되었음을 아뢰는 것이다.

만약 그것이 받아들여지지 않았을 때, 무사는 주군의 예지와 양심에 대한 최후의 호소로 자신의 피를 가지고 자신의 설득이 마코토(誠)라는 것을 표하는 것은 지극히 당연한 일이었다.

여기에서 생명은 주군을 섬기기 위한 수단으로 여겨졌으며, 숭고한 모습의 명예로운 자로 여겨졌던 것이다. 무사의 모든 교육이나 훈련은 이것이 기초가 되어 실시되었다.

- 행동하는 무사가 추구한 '품성(品性)'이란 무엇인가
- 무사도는 득과 실을 따지지 않는다
- 무사도는 무상(無償), 무보수(無報酬)의 실천만을 믿었다

행동하는 무사가 추구한 '품성(品性)'이란 무엇인가

무사의 훈육에 있어서 필수적이라 여겨진 것은 품성을 높이는 일이었다. 그 다음으로 사려(思慮), 지성(知性), 웅변(雄辯) 등의 순서였다.

무사의 교육에 있어서 미(美)의 가치를 인정하는 것이 매우 중요한 역할을 한다는 것은 지금까지 살펴온 바와 같다. 하지만 그것은 교양 있는 사람에게 있어 필수불가결한 것이지 무사의 훈육에 있어서는 그저 겉모습일 뿐이었다.

지능이 우수한 것은 물론 중시되었다. 하지만 지성을 의미할 때에 사용된 지(知)는 우선 예지(銳智)를 의미하였으며 지식(知識)은 종속적 지위에 놓여져 있는 것에 불과했다.

무사도의 순수한 구조를 떠받치는 세 다리는 지(智), 인(仁), 용(勇)

이라고 불리었으며, 각각 지혜(智慧), 자비(慈悲), 용기(勇氣)를 의미하고 있다.

무사는 본질적으로 행동하는 사람이기에 학문은 행동 원리의 바깥에 위치해 있었다. 물론 무사로서의 직업에 관련된 한도 내에서는 학문을 이용하였다.

종교와 신학은 승려나 신관의 것이었고 무사는 그 용기를 고무시키는 범위에서 그것들에 접근하였다. 어느 영국의 시인이 말한 것처럼, 무사는 '인간을 구하는 것은 교의(敎義)가 아니다. 교의를 정당화하는 것은 인간이다' 라고 믿었다.

또 유학이나 문학은 무사의 지적 훈련을 위한 주요한 수단이었다. 하지만 그것을 배울 때조차, 무사들이 원한 것은 객관적 진실이 아니었다. 그것들은 전투 시나 정쟁(政爭)을 설명하기 위해 쓰였고, 문학은 공부할 때 틈틈이 익혔으며, 유학은 품성을 확립하기 위한 실천적 보조 수단으로 요구되었다.

무사도의 훈육에 있어서 채택된 교과는 주로 검술, 궁술, 유술, 승마, 창술, 전략전술, 서, 도덕, 문학, 역사 등으로 구성되어 있다. 이 가운데 서도(書道)와 유술(柔術)은 매우 중시되었다.

서도(書道)는 일본의 문학이 회화적인 성질을 띠고 있으며, 그 자체로 예술적 감상을 하기에 부족함이 없는 가치를 지니고 있었기 때문일 것이다. 또 서체는 그 사람의 됨됨이를 나타낸다고 믿었기에 소홀히 할 수 없었다.

유술(柔術)도 마찬가지였다. 유술을 간략하게 정의하자면, 공격이나 방어할 때에 인간의 해부학적 지식을 응용하는 것으로 완력에 의존하지 않는다는 점에서 스모와 차별화된다. 또 무기가 필요없다는 점에서 다른 공격법과 차별화된다. 유술의 기술은 상대 신체의 어느 부분을 잡거나 두드려 상대를 기절시키거나 저항할 수 없는 상태로 만들어 버리는 것이다. 그 목적은 죽이는 것이 아니라 일시적으로 행동할 수 없도록 만드는 데 있었다.

무사도는 득과 실을 따지지 않는다

군사교련에 있어서는 당연한 일로 여겨졌으면서도 무사도의 훈육에는 빠져 있는 것이 산술(算術)이다. 봉건시대의 전투에서 과학적 정확성이 필요없었을뿐더러 무사의 훈육 과정 전체를 놓고 볼 때 수의 개념을 가르치기에는 무리가 있었다.

무사도는 득과 실을 따지지 않는다. 그리고 그것을 자랑스럽게 여겼다. 로마의 무장 벤티디우스(Ventidius, Publius ?~기원전 38)가 '무인의 덕이라 칭해지는 공명심은 더러운 이익보다도 오히려 손해를 선택한다'라고 말한 것과 같다고 할 수 있다.

스페인 풍자문학의 걸작 『돈키호테(Don Quixote)』에서 돈키호테는 황금이나 영지보다도 그가 가지고 다니는 창이나 뼈가죽뿐인 늙은 당나귀를 자랑스럽게 여겼다. 그는 금전 그 자체를 꺼리고 싫어했다. 돈을 벌거나 축재하는 것을 싫어했다. 그에게 있어서 그것들은 틀림없는 부정한 이득이었던 것이다. 무사라면 이 과대망상에 사로잡힌 동지에게 극진한 경의를 표할 것이 틀림없다.

시대의 퇴폐를 논할 때의 상투적인 어구는 '문신이 돈을 밝히고, 무신이 목숨을 아낀다' 였다. 황금을 아까워하고, 생명을 잃는 것을 두려워하는 풍조는 그것들을 헛되이 써버리는 것과 똑같이 비난의 대상이 되었다.

일본의 잘 알려진 격언 중에 '금은(金銀)에 욕심 내지 말지어다. 재산을 모으는 것은 지(智)에 해롭노니' 라는 것이 있다.

이런 이유로 무사의 자제는 경제는 안중에 없도록 키워졌다. 경제에 대해 입 밖에 내는 건 부끄러운 일로 여겨졌다. 통화의 교환 가치를 모르는 것이 좋은 교육을 받은 증거로 여겨지기까지 했다. 수(數)의 지식은 출진할 때나 진(陣)을 세울 때, 은상을 내릴 때, 수확량을 계산할 때만 필요했다. 정작 중요한 금액의 계산은 신분이 낮은 자들에게 맡겨졌다. 그래서 많은 지방에서 재정은 하급무사나 승려들에게 맡겨졌다.

물론 무사라면 누구나 군자금의 의의는 알고 있었지만 금전의 가치를 덕의 윗단계로 놓는다는 것은 고려의 여지조차 없었다. 무사도는 검약을 중시하고 사치를 인격에 해악을 끼치는 최대의 위협으로 여겼다. 무사 계급에게는 가장 엄격하고 소박한 생활이 요구되었고 실제 많은 지방에서 검약령(儉約令)이 시행되었다.

기록에 의하면, 고대 로마에서는 세금을 거두는 관리나 재정을 맡은 관료가 차츰 무관으로 승진하자 그들의 직무와 금전의 중요함을 깨닫게 하는 데 많은 배려를 해야 했다. 이것은 로마인의 사치와 큰 욕심에서부터 비롯된 현상이라고 생각할 수 있다.

무사도에 있어서 그런 일은 있을 수 없었다. 무사도에서는 축재하는 것을 도덕적인 직무나 지적인 직업과 비교해서 비겁하고 천박한 것으로 간주했다.

이렇게 금전이나 금전에 대한 집착을 무시한 결과, 무사도 그 자체는 금전에서부터 유래되는 수많은 악덕으로부터 자유로울 수 있었다.

이것이 일본의 공무를 집행하는 사람들이 오랜 기간 타락하지 않았던 사실을 설명하기에 충분한 이유라 생각한다.

아쉬운 점은, 현대에 이르러서는 너무나 급속하게 금권정치가 퍼지고 있다는 점이다.

무사도는 무상(無償), 무보수(無報酬)의 실천만을 믿었다 오늘날의 두뇌 훈련은 숫자 공부에 의해 보조되고 있지만 봉건제 당시에는 문학의 해석이나 도의론적 토론을 행함으로써 이를 대신했었다. 젊은이를 교육시키는 주된 목적은 품성을 높이는 것이었으므로 추상적인 명제가 젊은이들의 마음을 어지럽히는 일은 거의 없었다. 박학다식함만으로는 사람들의 존경을 얻어낼 수 없었다.

영국이 철학자이자 정치가 베이컨(Bacon, Francis 1561~1626)이 말했던 학문의 세 가지 활용인 쾌락, 장식, 능력 가운데 무사도는 오직 능력에 결정적인 우선권을 부여했다. 그 능력이란 '판단과 실무의 처리'를 위해 쓰이는 것을 그 목적으로 하였다. 공무를 처리하기 위해서건 자제심의 훈련을 위해서건 실천적인 목적을 가지고 교육을 행했던 것이다.

공자는 "배우기만 하고 생각하지 않으면 얻음이 없고, 생각하기만 하고 배우지 않으면 위태롭다." 〈논어(論語), 권1, 위정 제2〉라고 말하였다.

가르치는 자가 지성이 아니라 품성을 배양하고 두뇌가 아니라 심성을 가다듬을 때, 교사의 직무는 얼마간 성직적인 색채를 띤다.

"나를 낳아준 것은 부모이다. 나를 사람답게 해준 것은 스승이다."

"부모(父母)는 천지(天地)와 같으며 사군(師君)은 일월(日月)과 같도다."

이러한 사고방식이 만연하였을 때의 교사가 받았던 존경은 대단한 것이었다. 교사는 아비 없는 자들의 아비였으며 헤매는 어린 양들의 조언자였다. 교사는 그러한 신뢰나 존경을 젊은이들이 가지게끔 반드시 뛰어난 인격을 지니고 학식이 풍부하지 않으면 안 되었다.

어떠한 일에 대해서도 그 보수를 치러야 하는 현대의 방식은 무사도의 신봉자들 사이에서는 전혀 퍼지지 않았다. 무사도는 무상, 무보수로 행해지는 실천만을 믿었다. 가르침을 내리는 승려, 신관, 교사라 할지라도 정신적인 가치에 관계된 일의 보수는 금은으로 치러질 것이 아니었다. 그것은 무가치해서가 아니라 가치가 헤아릴 수 없을 만큼 고귀하기 때문이다.

이러한 무사도의 본성, 즉 산술적으로 계산할 수 없는 명예를 더 중시하는 특질은 근대의 경제학 이상으로 훨씬 더 진실된 가르침을 사람들에게 알려주고 있다.

자금이나 봉급은 그 일의 결과가 명확하고 형태가 있으며, 숫자로 측정할 수 있는 경우에만 지급된다.

하지만 교육에 있어 가장 뛰어난 정신의 고양에 관계된 일은 명확하지도 않고 형체가 있는 것도 아니며 숫자로 계산할 수 있는 것도 아니다. 숫자로 계산할 수 없는 것에 대해 가치의 외면적 측량 방법인 금전을 준다는 생각은 극히 부적당하다고 말할 수 있다.

다만 1년 중 어느 계절에, 제자들이 그들의 스승에 대해 무언가 금전이나 선물을 드리는 관습이 인정되었다. 이 관례는 일에 대한 지불이 아니라 감사의 뜻을 표하는 헌상품이었기에 보내는 측에 있어서도 큰 기쁨이었다.

스승들은 보통 엄격하고 긍지가 높지만 가난한 것으로 알려져 있었

다. 하지만 스승 스스로가 손을 내밀거나 남에게 물품을 요구하는 것은 너무나도 위엄을 해치는 행위였기에 자존심이 강한 그들에게는 상상하기 힘든 일이었다.

　스승은 역경에 굴하지 않는 고귀한 정신과 위엄의 결정체였다. 그들은 학문이 지향하는 바의 체현자였으며, 단련에 단련을 거친 자제심의 산 견본이었다. 그리고 그 자제심은 무사들에게도 두루 필요하다고 여겨졌다.

11

- 무사는 감정을 얼굴에 내보이지 않는다
- 왜 과묵함을 미덕이라고 하는가
- 마음을 편안하게 유지하기 위해

무사는 감정을 얼굴에 내보이지 않는다

무사도에서는 불평불만을 늘어놓지 않는 불굴의 용기를 수련하는 훈련이 행해진다. 다른 한편으로는 예(禮)의 교훈이 있다. 그것은 자신의 슬픔, 고통을 바깥으로 표현하여 다른 사람의 유쾌함이나 평온을 어지럽히지 않도록 하는 것이다.

그 양자가 하나가 되어 금욕적인 기풍을 낳고, 마침내는 국민 전체가 금욕주의적인 기질을 지니도록 하는 고정관념이 만들어졌다.

하나 이 금욕주의는 어디까지나 외견상의 것이라고 생각한다. 일본인의 습관이나 풍습을 외국인의 눈으로 보면 냉혹하다고 보여질 수도 있다.

하지만 실제 일본인은 이 세계의 어느 민족에게도 지지 않을 정도로 부드러운 감정을 지닌 민족이다.

　어떤 의미에서는 일본인이 다른 민족보다도 훨씬 많이, 몇 배나 더 많은 감정을 느끼기 쉬운 기질을 지닌 것임에 틀림없다고 생각하고 싶다. 자연히 떠오르는 감정을 맞이하는 것 자체가 고통을 동반하기 때문이다.

　감정이 넘쳐 눈물을 흘린다거나 괴로움의 신음 소리를 흘리는 일 없도록 교육받은 소년들, 그리고 또 소녀들을 상상해 보라. 또 이런 노력이 그들의 신경을 둔감하게 하는지, 아니면 보다 섬세하게 하는지 하는 생리학상의 문제도 있다.

　무사에게 있어 감정을 얼굴에 드러내는 행위는 남자답지 못하다고 여겨졌다. 훌륭한 인물을 평가할 때, '기쁨과 분노를 겉으로 표현하지 않는'이라는 표현이 자주 사용되었다. 거기에선 너무나 자연스러운 감정이 억제되었다. 부친은 그 위엄을 희생하며 아이를 안을 수가 없었다. 남편은 그 처에게 입맞춤을 할 수 없었다. 사실이야 어찌 되었건 사람들 앞에서는 하지 않았다.

　어느 기지가 넘치는 청년은 '미국의 남편들은 사람들 앞에서 부인에게 입맞춤을 하고, 집 안에 들어가서는 때렸다. 하지만 일본인 남편들은 사람들 앞에서 부인을 때리고, 집 안에 들어가서는 입을 맞춰주었다'라고 말했다. 이 비교는 상당 부분 진실이 포함되어 있을지도 모른다.

침착한 행동이나 마음의 평안함은 어떠한 종류의 정열에도 쉽게 흔들려서는 안 된다.

청일전쟁 때의 일이다. 어느 연대가 출정할 때, 대장과 병사들에게 이별을 고하기 위해 많은 사람들이 역 앞에 모였다. 그때 한 미국인이 이 이별의 정경이 소란스러울 것이라 예상한 채 구경을 갔다. 이때 일본은 처음으로 대외전쟁을 한다는 흥분 상태에 있었으며, 군중의 대다수는 출정하는 병사의 부모, 부인, 혼약자들이었다.

하지만 그 미국인의 기대는 빗나갔다. 발차 신호인 기적 소리가 울린 뒤 열차가 움직이기 시작했을 때, 수천 명의 사람들이 조용히 모자를 벗고 정중하게 고개를 숙이며 이별의 인사를 나눌 뿐이었다. 손수건도 흔들지 않고 입을 벌려 소리치는 사람도 없었다. 주의 깊게 귀를 기울인 사람들만이 몇몇 숨죽여 우는 소리를 겨우 들을 수 있을 뿐이었다.

가정 생활에 있어서도 비슷한 일들이 많다. 병으로 아파하는 아들을 둔 어느 아버지는 아버지로서의 권위가 흔들리지 않도록 이불 그림자 속에 서서 하룻밤 내내 아이의 호흡을 귀 기울여 들었을 뿐이다.

또 어느 모친은 아들의 공부에 방해가 되지 않도록 자신의 임종 때조차도 부르지 못하게 하였다.

일본인의 역사나 일상생활은 『플루타르크 영웅전』의 가장 감동적인 장면에 비해 그보다 더하면 더했지 못하지 않은 영웅적인 모친들의 예(例)로 가득 차 있다. 이렇듯 일본의 농민들 속에도 이안 맥라렌(Ian Maclaren) 작품 중 현모의 전형으로 알려진 마겟 호우가 무수히 많았다.

왜 과묵함을 미덕이라고 하는가

일본 교회의 신앙회복운동이 신통치 않은 것은 이 극기를 위한 훈련의 영향이 크다. 일본인들은 자신의 혼이 흔들리는 것을 느끼면 그런 감정이 밖으로 새지 않도록 조용히 억누르려 애쓴다. 드물게 성의와 정열에 의해 감정이 움직여지고, 웅변으로 이어지는 경우가 있다.

일본인들에게 영적 경험을 가볍게 입에 올리는 것은 모세의 세 번째 계명 '그대의 신 여호와의 이름을 경망되이 입에 올리지 말지어다'로 돌아가 고려해 보길 추천한다. 일본인의 귀에는 오합지졸들이 발하는 가장 신성한 말이나 신비적인 체험 따위는 정말 소음에 불과할 뿐이다.

어느 젊은 무사는 자신의 일기에 다음과 같은 글을 남겼다.

"그대 영혼의 토양이 미묘한 사상으로 흔들리는 것을 느끼는가. 그것은 종자의 새싹이 돋는 것이다. 언어를 가지고 굳이 이것을 방해하지 말지어다. 조용히, 비밀리에 그것을 따로 떼어내어라."

일본인에게 있어서 많은 말을 가지고 마음속에 있는 사상이나 감정, 특히 종교적인 감정을 말하는 것은 그다지 심각하지도 않고 성의

가 빠진 것 같은 인상을 준다. 잘 알려진 격언 중에 '입 벌리니 뱃속 보여 석류로구나'라는 것이 있다.

감동이 생긴 순간, 그것을 바로 감추고자 입을 닫아버리는 것은 동양인의 대쪽 같은 의지 탓은 아니다. 프랑스 정치가 탈레랑(Perigord, Talleyrand 1754~1838)이 정의했던 것처럼 일본인에게 말이라고 하는 것은 '사상을 감추는 기술'인 것이다.

만약 독자가 불행의 밑바닥까지 떨어져 있는 일본인 친구를 방문했다고 치자. 그는 붉게 물든 눈과 젖은 볼을 보이면서도 웃으며 당신을 변함없는 태도로 맞이할 것이다. 당신은 그가 미쳤다고 생각할지도 모른다. 그래서 굳이 그에게 설명해 달라고 하면, 다음과 같은 단편적인 상투구를 듣게 될 것이다.

"인생무상(人生無常)"

"회자정리(會者定離)"

"생자필멸(生者必滅)"

"죽은 아이의 나이를 세는 것은 어리석은 짓이다. 하지만 여자의 마음은 굳이 그 어리석음을 범한다."

독일 왕가 호엔촐레른(Hohenzollern) 가의 사람이 말했던 것처럼 '말하지 않고 견디는 법을 배운다'라고 하는 고결한 말은, 그가 말하기 이전부터 이미 많은 일본인들 사이에 공감자를 가지고 있었던 것이다. 실제로 일본인에게는 자신의 성격적 약점이 가차없이 드러나더라도 미소를 잃지 않으려는 경향이 있다.

일본인의 웃음에 대해서는 웃음의 철학자로 불리는 그리스의 철학자 데모크리토스(Democritus B.C 460~370)보다도 더한 이유가 있다고 생각한다. 일본인의 웃음은 어떠한 정황의 격변에 의해 마음의 안정이 무너졌을 때, 마음의 평형을 되찾으려는 노력을 잘 감추는 역할을 가장 빈번하게 해내고 있는 것이다. 웃음은 슬픔이나 분노의 조정자이기도 하다.

이러한 감정의 억누름이 항상 요구되자 시가(詩歌)가 감정의 안전지대로 자리했다.

10세기 헤이안 시대의 가인(歌人) 키노 츠라유키(紀貫之)는 '그대는 노래를 좋아해서 하는 것이 아닐 것이다. 당(唐)나라도 여기도 생각하는 바를 감당하기 힘들 때 굳이 노래하는 것이리' 라고 쓰고 있다.

먼저 아이를 떠나보낸 모친이 아이가 늘 하던 잠자리잡이를 갔다고 상상하며 '잠자리잡이 오늘은 어디까지 간 것이뇨' 라고 노래하여 슬픔을 씻어보려 했다.

마음을 편안하게 유지하기 위해 | 일본인의 마음의 내적인 움직임은 자주 냉염(冷艶)하지만, 때로는 웃음과 낙담의 히스테릭한 혼합물과도 같은 모양을 띠는 일이 있다. 그로 인해 가끔 정상이 아닌 게 아닌가 의심받는 일조차 있다. 일본인의 고

통을 견디는 심리와 죽음에 대해 집착하지 않는 마음은 섬세함이 부족하기 때문이라 여긴다. 그것도 그럴 법하다고 생각된다.

어째서 일본인의 신경은 쉽게 긴장되지 않는 것일까?

일본의 기후 풍토가 미국만큼 자극적이 아니기 때문이라는 것도 일리있을지 모른다. 일본의 군주제가 프랑스의 공화제만큼 사람을 흥분시키지 않기 때문인지도 모른다. 영국인들만큼 열심히 칼라일(Carlyle, Thomas 1795~1881)의 『의상철학(衣裳哲學)』을 읽지 않기 때문인지도 모른다.

일본인은 개인적으로도 끊임없는 극기가 필요하다는 것을 인식하고 있으며, 강하다는 것을 불가결한 요소로 생각하고 있다. 그것은 일본인이 격렬해지기 쉽고 민감한 성질을 가지고 있기 때문이라 믿는다. 하지만 어떤 설명을 하더라도, 오랜 세월에 걸친 극기의 훈련을 사고의 중심에 넣지 않는 한은 어느 것도 바른 설명이라고 할 수 없다.

극기(克己)의 훈련은 때로 정도를 넘기 쉽다. 그것은 배려심을 완전히 억누르는 것도 가능하다. 솔직한 성격을 삐뚤어지게 한다거나 어처구니없는 것으로 바꿔 버릴 수도 있다. 편견을 낳거나 위선을 품기도 하고, 때로는 애정을 둔감하게도 한다.

사실 아무리 숭고한 덕목(德目)이라 해도 마이너스적인 면이나 가짜가 존재한다. 그러므로 각각의 덕목 자체의 뛰어난 점을 인정하고, 그 이상(理想)하는 바를 적극적으로 권하지 않으면 안 된다.

여기서 극기의 이상이란, 일본인의 표현 방법에 따르면 '마음의 평안함을 유지하는 것'이다. 그것은 또 데모크리토스가 '궁극적인 선'이라고 부른 '에우테미아(euthymia, 쾌활)'의 상태에 도달하는 것이다.

극기는 다음 장에서 고찰하는 두 가지 제도, 자살과 복수 중 전자에 있어서 그 극치에 달하며 또한 가장 잘 나타나 있다.

12

무사도의 불문율 · 할복(割腹)

- 할복의 복(腹)은 무엇을 의미하는가
- 할복은 하나의 법 제도, 의식 전례였다
- 할복은 어떻게 행해졌는가
- 무사도에 있어서 사는 용기와 죽는 용기
- '47인의 의사'의 복수에서 보는 두 가지 판단
- 그리하여 '칼[刀]은 무사의 혼'이 되었다

할복의 복(腹)은 무엇을 의미하는가

 할복(割腹)과 복수(復讐)로 알려져 있는 두 가지 제도에 대해서는 많은 외국 저술가들이 상당히 자세히 늘어놓고 있다.
 우선 자살부터 설명하고자 한다. 이 고찰은 일반적으로 배를 갈라 자살하는 방식을 취하기에 할복으로 알려져 있는 절복(切腹)에 한정되어 있다는 것을 우선 단정해 두고 싶다.
 "배를 가른다는 것은 대체 얼마나 바보 같은 행위인가?"
 할복이란 말을 처음 듣는 사람들은 어이가 없을 것이다. 이국인들의 귀에는 어처구니없고 기묘한 이야기로 들릴지도 모르겠다. 하지만 세익스피어를 읽은 사람은 그리 놀랄 만한 일이 아니라는 것을 알고 있을 것이다. 세익스피어는 브루터스(Brutus)에게 다음과 같이 말하게 하고 있다.

"그대(카이사르)의 혼백이 나타나 나의 검을 거꾸로 하여 나의 배를 찌르도다."

또 영국의 어느 시인은 '아시아의 빛'이란 작품에서 여성의 배를 찌른 검에 대해서 노래하고 있다. 이 경우 누구도 품성이 좋지 않다거나 표현이 적절하지 못하다며 저자를 비난하진 않는다.

또 다른 예를 들어보자. 17세기 바로크 양식의 장식에 큰 영향을 준 이탈리아의 화가 게르치노(Guercino, 본명 Giovanni Francesco Barbieri 1591~1666)가 로마의 정치가이자 고결한 인물로, 카이사르에게 대항하다가 패배하고 자살한 카토(Cato)를 그린 '카토의 죽음'이란 그림을 보자. 아디손이 카토로 하여금 부르게 한 시를 읽은 사람은 누구라도 그의 배를 찌르고 있는 검을 비웃지 않을 것이다.

이 죽음의 방식은 일본인의 마음속을 가장 잘 꿰뚫어 본 행위, 가장 심금을 울리는 실례를 연상시킨다. 이러한 것을 보더라도 일본인의 할복에 대한 생각이 외국인들의 혐오나 조소에 의해 상처받는 일이 없을 것이라 믿는다.

덕, 위대함, 상냥함 등과 같은 사고방식은 놀랄 만큼 다양하게 변화한다. 그리하여 죽음의 가장 추한 형식도 숭고함을 띠게 하며, 새로운 생명의 상징으로까지 만든다. 그렇지 않다면 콘스탄티누스 대제가 본 '십자가'가 세계를 정복하는 일은 있을 수 없을 것이다.

일본인의 마음속에서 할복이 전혀 불합리하지 않다고 말한 건, 외국에도 예가 있다는 것을 연상시키기 위해서가 아니다. 신체 중에 특히 이 부분을 골라 자르는 것은 그 부분에 영혼과 애정이 깃들어 있기 때문이라는 오래된 해부학의 신념에 기초한 것이다.

모세가 '요셉과 그 동생을 위해 창자를 쥐어짜내듯' 이라고 쓰고 다비드는 주로 그 내장을 잊지 않도록 기도하였다. 이사야, 예레미야, 그리고 그 외의 고대의 영감을 받았던 예언자들도 '내장이 고동한다' 라든가 '내장이 아프도다' 라고 말했다. 이것은 뱃속에 영혼이 깃든다고 하는 일본인 사이에 유포되어 있던 신앙과 공통되는 것이다.

샘족은 항상 간장, 위장, 그 주변의 지방에 감정과 생명이 깃든다고 여겨왔다. '배' 란 말은 그리스어의 프렌(Phren)이나 투모스(Thumos) 보다도 의미가 넓은 말이다.

일본인과 그리스인 모두 인간의 영혼은 배의 어딘가에 깃든다고 생각했다. 또 프랑스의 뛰어난 철학자 데카르트(Descartes, Rene 1596~1650)는 '혼은 송과선(松果腺, 척추동물의 간뇌상개(間腦上蓋)에서 위쪽으로 뻗은 주머니 모양의 내분비기관)에 있노라' 라는 이론을 제창했다.

하지만 지금의 프랑스인은 생리학적으로 의미가 확실히 밝혀진 Ventre(복부)라는 말을 '용기' 라는 의미로 사용하고 있다. 또 Entraille(복부)라는 프랑스어는 '애정' 이나 '배려' 라는 의미로도 사용

된다.

　이러한 신앙은 단순한 미신이라 말할 수 없다. '심장이 감정의 중추이다' 라는 일반적인 사고방식보다 훨씬 과학적이기도 하다. 일본인은 수도사에게 물어볼 것도 없이, 로미오보다도 먼저 '이 몸의 어느 추한 부분에 사람의 이름이 깃든단 말인가' 라는 질문의 해답을 잘 알고 있었다.

　근대의 신경학자는 복부뇌수(腹部腦髓)라던가 요부뇌수(腰部腦髓)라고 칭하면서 복부나 골반에 존재한 교감신경중추(交感神經中樞)가 정신 작용에 의해 극히 강한 자극을 받는다고 말한다. 이 정신 생리학적 견해가 말하는 것을 인정한다면, 할복의 논리는 극히 쉽게 이루어지는 것이다.

　　"나의 영혼이 깃든 곳을 열어 그대에게 보여주마. 더러움이 있는가,
　　깨끗한가, 그대 스스로 이것을 보고 확인하라."

　자살의 종교적 혹은 도의적 정당성을 주장하고 있다고 오해받고 싶지는 않다. 하지만 명예를 무엇보다도 중시한 사고방식은 많은 사람들에 의해 스스로의 생명을 버리는 데 충분한 이유가 되어주었다.

　　명예를 잃었을 때에는 죽음이야말로 구원이 될 것이다.

죽음은 수치보다도 확실한 도피 방법이다.

영국의 시인 가스(Garth, Sir Samuel 1661~1719)가 영웅비극시 『Dispensary』에서 노래했던 바에 의해 얼마나 많은 사람들이 따르고 유유히 그들의 혼을 황천의 나라로 인도했던 것일까?

할복은 하나의 법 제도, 의식 전례였다

무사도는 명예의 문제와 관련된 죽음을 복잡한 문제 해결의 열쇠로 받아들였다. 대의(大義)를 안고 있는 무사에게는 다다미 위에서 편히 죽는 것이 오히려 부끄러운 죽음이며 바람직한 최후라고는 생각하지 않았다.

본인은 굳이 말하고 싶다. 많은 선량한 크리스찬이 충분히 정직하다면 카토, 부르터스, 페트로니우스 및 그 밖의 많은 고대의 위인들이 자신의 생명을 스스로 끊어버린 태도에 대해 적극적인 칭찬은 하지 않더라도 매력을 느꼈음을 고백할 것이라고.

철학의 시조 소크라테스의 죽음을 자살이라고 한다면 너무나 대담한 것일까? 그에게는 도주의 기회가 있었다. 그럼에도 불구하고 그는 왜 스스로 원해서 국가의 명대로 따른 것일까? 국가의 명령이 도덕적으로 잘못되었음을 알면서도 그는 그것에 따랐다. 그리고 소크라테스가 스스로 독배를 들고 그의 수명을 신에게 바친 장면을 제자들은 자세히 기록하여 후세의 교훈으로 남겼다.

이 이야기를 들으면 우리들은 소크라테스의 행위와 태도로 보아 명확한 자살의 의지가 있었다고 인정해야 하는 것이 아닐까. 이 경우 일반 처형처럼 육체적 강제는 없었다. 하지만 재판관의 판결이 강제였다는 것은 분명 사실이다. 다시 말해 '그대 죽을지어다. 다만 그대 자신의 손에 의해서' 라는 것이다.

만약 자살이라는 것이 자기 자신의 손에 의해 죽는 것 이상을 의미하지 않는다면, 소크라테스의 경우는 명확한 자살이다. 하지만 자살을 싫어하는 플라톤은 그의 스승을 자살한 사람이라고는 부르지 않았다.

할복은 단순한 자살의 수단이 아니다. 할복은 하나의 법 제도였으며 동시에 의식 전례였다. 중세에 발명된 할복이란, 무사가 스스로의 죄를 갚고 과거를 사죄하며, 불명예를 씻고 친우를 구하며, 스스로의 성실을 증명하는 방법이었다.

법률상의 처형으로써 할복이 거행될 때에는 그에 상당하는 의식이 시행되었다. 그것은 둔화된 자기파괴였다. 극히 냉정한 감정과 침착한 태도가 없다면 누구도 할복 같은 걸 할 리가 없다. 이상과 같은 이유로 할복은 너무나도 무사 계급에 어울리는 일이었던 것이다.

할복은 어떻게 행해졌는가

호사가적 호기심으로 과거에 사라진 의식을 여기서 그려내 보고자 한다.

하지만 뛰어난 할복 장면들은 훨씬 능력있는 저자들에 의해 이미 묘사되어져 있다. 그러므로 그다지 읽히는 일이 드문 한 책으로부터 조금 긴 인용을 하려고 한다.

영국 주일공사관 서기관 밋포드(Mitford)는 『구일본 이야기(Tales of Old Japan)』라는 저작에서 자기 자신이 목격한 처형의 예를 자세히 기록하고 있다. 여기에는 일본의 문서로부터 할복에 대한 논문을 번역한 내용도 포함하고 있다.

> 우리들(일곱 명의 외국사절단)은 일본 측의 검시 역에게 선도되어 사원의 본당에 들어갔다. 여기에서 할복의 의식이 진행되는 것이다. 그 의식은 정말로 당당하고 잊을 수 없는 광경이었다.
>
> 본당의 높은 지붕은 검은 기둥으로 지탱되고 있었다. 천장으로부터는 불교 사원 특유의 거대한 금색의 타룡이나 장식이 많이 있었다.
>
> 한 단 높이 위치한 정면의 불단 앞에는 마루에서 서너 치 높게 된 좌석이 만들어져 있었다. 거기엔 아름다운 새 다다미가 놓여져 있었으며 붉은 양탄자가 깔려 있었다. 같은 간격으로 서 있는 키가 큰 촛대는 조금 어두운 실내에서 신비로운 빛을 발하고 있었다. 다행히 그것은 그곳에서 행해질 일들의 진행을 지켜보는 데에는 충분한 밝기였다. 일곱 명의 일본인 검시 역이 할복할 자리 건너편 우측에, 일곱 명의 외국인 검시 역은 좌측에 착석했다. 그 외에는 아무도 이곳에 들어오지 않았다.

마음이 진정되지 않는 몇 분이 지나고, 마침내 듬직한 32세의 대장부 타키 젠자부로 마사노부가 조용히 본당에 발을 들여놓았다.

그는 이 의식을 위해 삼베로 된 겉옷으로 몸을 감싸고 있었다. 그는 할복하는 사람 곁에 있다가 목을 쳐줄 카이샤쿠(かいしゃく) 한 명과 금실로 짜여진 문장이 있는 관복을 입은 관리 세 명과 함께 오고 있었다. 카이샤쿠라는 것은 영어의 Executioner(처형인)과 동의어가 아니라는 점을 우선 밝혀두지 않으면 안 된다. 그 역할은 훌륭한 신분을 지닌 자가 맡기 마련이다. 보통은 할복하는 자의 일족이나 친구가 행한다.

이 양자의 관계는 희생자와 처형인이라는 관계가 아니다. 오히려 주역과 조역이라고 보는 것이 옳을 것이다.

오늘의 카이샤쿠는 타키 젠자부로의 제자 중 한 사람이었다. 그는 검의 달인이란 이유로 뽑혔다 한다.

왼쪽에 선 카이샤쿠와 타키 젠자부로가 서서히 일본인 검시 역 쪽으로 나아갔다. 두 사람은 검시 역을 향해 정중히 사의를 표명하고는 외국인 검시 역 쪽으로 다가와 같은 방법으로 정중한 인사를 했다. 양쪽 검시 역들도 정중히 답례를 했다.

그리고 이 죄인은 천천히 위풍있는 태도로 할복의 자리로 올라가 정면의 불단에 두 번 예배를 올린 후 불당을 뒤로한 채 붉은 양탄자 위에 정좌하였다. 카이샤쿠는 그의 왼쪽에 웅크리고 앉았다.

세 사람의 관리 중 한 사람이 신불에게 바칠 때 쓰는 대에 하얀 종이로

둘러싼 와키자시(脇差)를 받쳐 들고 앞으로 나왔다.

와키자시라는 것은 일본의 단도(短刀)나 비수(匕首)를 말한다. 길이는 보통 구 치 오 분. 날은 면도칼처럼 날카롭다. 관리는 그것을 죄인에게 넘기고 한 번 절을 했다. 젠자부로는 양손으로 머리 높이까지 공손하게 받쳐 들어 보물을 받아 든 뒤 자신의 앞에 놓았다.

다시 한 번 정중한 사의를 표한 후 젠자부로가 말한다. 그 목소리는 아픔을 고백하는 사람과 같은 정도의 감정적 외침과 주저함이 나타나 있기는 했지만 얼굴색이나 행동에는 조금도 그러한 기색을 느낄 수 없었다.

"본인은 무분별하게도 홀로 오해하여 고베(神戶)에 온 외국인들에 대해 발포를 명했으며, 도망치는 모습을 보고 다시 한 번 발포하도록 명하였소. 본인은 지금 그 죄를 지고 할복하오. 여러분들은 검시의 역할에 수고가 많소."

다시 한 번 일례를 한 후 젠자부로는 베로 된 겉옷을 띠를 맨 곳까지 벗어젖히고 상반신을 드러냈다. 그는 관례대로 주의 깊게 겉옷을 무릎 앞에 개어 뒤로 쓰러지는 일이 없도록 했다. 신분 있는 일본 무사는 앞으로 쓰러져 죽는 것이 일반적이기 때문이다.

젠자부로는 서서히, 그리고 확실한 순서로 앞에 놓여진 단도를 들어 올렸다. 한동안 그것을 사뭇 사랑스러운 물건을 보듯 바라보았다. 최후의 한때를 위해 잠시 동안 생각을 집중하는 것처럼 보였다.

그리고 젠자부로는 단도로 왼쪽 배 밑을 깊이 찌르고는 천천히 오른

쪽으로 옮겨가 거기서 칼날의 방향을 바꿔 조금 위쪽으로 베어올렸다. 이 엄청난 고통에 찬 동작을 행하는 동안 그는 얼굴 근육 하나 움직이지 않았다. 단도를 빼낸 젠자부로는 서서히 앞쪽으로 몸을 기울여 목을 늘였다. 그때 처음으로 고통의 표정이 그의 얼굴을 지나갔다. 하지만 신음 소리조차 없었다.

그 순간 그때까지 젠자부로의 곁에 웅크린 채 일의 진행을 빼놓지 않고 지켜보고 있던 카이샤쿠가 일어나 일순 공중에 검을 빼 들었다.

일섬(一閃), 공기를 가르는 소리, 털썩 하고 구르는 물체. 큰 칼의 일격으로 목과 동체는 분리되었다.

장내는 숙연하여 목소리도 없었다. 우리들의 눈앞에서 이미 생명을 잃은 몸체에서 철철 흘러나오는 피의 무서운 소리가 들릴 뿐이었다. 이전까지는 용자이자 예의 바른 대장부였던 이가 너무나도 무참하게 변해 버린 것이었다. 그것은 보기에도 무서운 광경이었다.

카이샤쿠는 낮게 절을 하고 준비되어 있던 흰 종이로 칼을 닦은 뒤 할복의 장소에서 물러났다.

피에 젖은 단도는 피의 증거로 엄숙하게 들려 나갔다.

그런 후 정부의 검시 역 두 사람이 자리에서 일어나 외국인 검시 역 쪽 자리로 다가와 '타키 젠자부로의 처분이 지장없이 진행되었음을 확인하고 싶다'라고 말했다.

예식은 끝나고 우리들은 사원을 떠났다.

일본의 문학 작품이나 목격자의 견문록으로부터, 할복의 광경을 그려낸 부분을 찾는 것은 아주 쉬운 일이다. 하지만 또 하나의 예를 드는 것만으로도 충분할 것이라 생각한다.

사콘과 나이키라는, 각각 24세와 17세가 된 형제가 아버지의 복수를 위해 이에야스를 습격하려 했다. 하지만 아쉽게도 이에야스가 있는 건물에 돌입하기 전에 잡혀 버렸다. 이에야스는 그의 목숨을 노린 젊은이들의 용감함을 칭찬하고, 그들에게 명예있는 죽음을 내리도록 명령했다.

이 형벌의 선고는 형제의 일족 모든 남자들에게 명령된 것이라, 두 젊은이들의 막내동생이자 겨우 8세인 하치마로도 같은 운명에 놓이게 된 것이다. 그리고 이 세 명은 처형이 행해지게 된 절 앞에 끌려 나왔다.

그곳에 있던 의사 한 사람이 그 사건의 전말을 일기에 남겨두고 있다. 거기에는 다음과 같은 정경이 그려져 있다.

최후의 때를 맞아 세 명이 일렬로 착석했을 때, 사콘은 막내동생을 향해, '하치마로부터 먼저 배를 가르도록 하라. 제대로 하는가 지켜보도록 하겠다'라고 했다.

어린 동생이 답하길, '아직까지 할복을 본 적이 없으므로, 형들의 작법을 보고 그 후에 그대로 하고 싶다'라고 말했다.

두 사람의 형은 눈물을 흘리며 미소 짓고는, '잘 말했도다. 그래야 우리 아버지의 아들이로다'라고 말했다. 그리고 두 사람 사이에 막내 하치마로를 앉힌 후, 사콘은 자신의 배 왼쪽에 단도를 찔러넣었다. "보거라, 하치마로. 잘 알았는가? 너무 깊게 찌르지 말도록 해라. 한쪽으로 치우쳐 쓰러지게 되니까 말이다. 앞으로 쓰러지거라. 무릎 앉은 자세를 무너뜨리지 말고."

나이키도 똑같이 배에 칼을 찔러 넣으며 말했다.

"눈을 크게 뜨거라. 그렇지 않으면 여자의 죽은 얼굴처럼 보이게 되느니. 칼끝이 장에 닿더라도, 기력이 모자라더라도, 용기를 고무시켜 잡아당기도록 하여라."

하치마로는 두 형을 교대로 보았다. 두 사람이 숨을 거두자, 하치마로는 조용히 상체를 벗어젖히고 양측에서 보고 배운 바대로 따라 하여 죽음을 맞이하였다.

무사도에 있어서 사는 용기와 죽는 용기

극히 당연한 일이지만 할복의 영광은 그다지 정당하다고는 인정되지 않는 범죄에 대해서도 조금 확대되어 남용되었다. 완전히 도리에 어긋난 원인이나 전혀 죽음을 내릴 만한 이유가 아닌데도 혈기가 지나친 젊은이들은 마치 불꽃에 뛰어드는 나방과 같이 죽음을 서둘렀다.

혼란하고 게다가 불명확한 동기에 의해, 절에 들어가는 비구니보다 많은 무사들이 이 행위에 뛰어들었다. 생명의 대가는 너무나도 쌌다. 그것은 세간에서 명예의 기준으로 여겨졌기에 특히 경시되었다.

더 슬픈 일은, 명예에도 계산이 따라붙은 것이다. 그것은 꼭 금전만은 아닌 귀금속과 합금된 그런 형태였다.

단테의 『신곡』 지옥편에서, 단테가 모든 자살한 자들을 옥사에 넘기는 제7권만큼이나 일본인들로 보이는 사람들로 가득한 장소는 없을 것이다.

하지만 그러면서도 진정한 무사들은 그저 죽음을 서두르기만 하는 것이나 죽음을 연모하는 행위를 비겁함과 마찬가지로 여겼다.

한 사람의 전형적인 무사를 예로 들어보자.

그는 연달아 전쟁에서 패배하고 산중을 방황하였으며 숲으로 동굴로 쫓겨 다녔다. 그리고 마침내 칼날은 무더지고 활은 부러졌으며 화살은 다되었다. 그러다가 어두운 나무 그늘 뒤에서 홀로 배고픔을 견디고 있는 스스로를 돌아보았다. 이런 비슷한 상황에서 고대 로마의 정치가 브루투스(Brutus, Lucius Junius ?~BC 509?)조차도 자신의 칼날 위에 뛰어들지 않았는가.

하지만 이 무사는 이런 막다른 지경에 이르러서도 죽는 것을 비겁한 것이라 생각했다. 그리고 기독교 순교자들의 불굴의 정신에 가까운 심정으로 한 구절의 시를 읊어 자기 자신을 격려했다.

이보다 슬픈 일은 얼마든지 있노라.
이 몸의 힘에 한계 있다고 한탄하지 않으리.

어떠한 곤란과 역경에도 인내와 고결한 마음을 가지고 당당히 마주선다. 이것이 무사도의 가르침이었다.

그것은 맹자가 가르친 바 그대로였다.

"하늘이 이러한 사람들에게 중대한 임무를 맡기려고 할 때에는 반드시 그들의 마음을 괴롭게 하고, 그들의 근육을 아프게 하고, 그들의 육체를 굶주리게 하고, 그 몸에 가진 것이 없게 해서 그 행동을 실패하게 하여 그들이 해야 할 일과 어긋나게 한다. 이것은 마음을 분발하게 하고 성질을 참을성있게 하여, 그들이 이제까지 해내지 못했던 일을 더 많이 할 수 있게 해주기 위해서이다." 〈告子章句 下 175〉

진정한 명예라는 것은 하늘이 명하는 바를 성실하게 해내는 데에 있다. 그것을 위해서는 죽음을 초래하여도 불명예가 되지 않았다. 하늘이 내려준 것을 피하기 위한 죽음은 비겁하기 그지없는 행위였다.

영국의 의학자이자 저술가 토마스 브라운 경(Browne, Sir Thomas 1605~1682)의 신앙에 관한 여러 문제를 회의적으로 다룬 조금 특이한 저서 『의사의 종교(Religio Medici)』 안에는 무사도가 반복하여 가르쳐 온 것과 완전히 동일한 것을 서술하고 있다. 그것을 인용해 보자.

"죽음을 경멸하는 것은 용기있는 행위이다. 하지만 사는 것이 죽는 것보다 한층 어려운 경우에는, 사는 것을 택하는 것이 진정한 용기이다."

17세기의 어느 저명한 승려는 약간의 풍자를 섞어서 '평생 말만 그럴듯하게 꾸미며 마음속으로 죽어본 적 없는 무사는 아차 하는 때에 도망쳐 숨게 된다'라고 했다. 또한 '한 번 마음속에서 죽어본 자는, 도요토미 히데요시(豊臣秀吉 1536~1598)로부터 방심할 수 없는 자라는 격찬을 받은 천재 병법가 사나다 유키무라(眞田幸村 1567~1615)의 창(槍)이건 호겐의 난에서 활약한 미나모토 다메토모(源爲朝)의 화살이건 간에, 두려워 않는다'라고 말했다.

일본인은 '자신을 위해 목숨을 잃는 자는 구원받지 못할 것이다'라고 가르쳤던 저 위대한 예수의 가르침에 얼마나 접근해 있는 것일까?

이러한 말들은 기독교도와 이교도들 사이의 차이를 가능한 한 크게 만들려는 시련들에도 불구하고, 인류의 도덕적 일체성을 확인하는 데 도움이 되는 수많은 증거들 중에서도 겨우 두세 가지에 지나지 않는다.

'47인의 의사'의 복수에서 보는 두 가지 판단

이상과 같이 무사도의 자살제도는 그 남용이 일견 우리들을 놀라게는 하지만 그 자체는 불합리하지도 야만적이지도 않다는 것을 알았으리라 생각한다.

그리고 다음으로는, 이 제도와 자매 관계에 있다고 해도 좋을 '카타키우치(敵討ち, 원수를 갚음)' 혹은 보복, 복수라 불리우는 제도에 동정할 만한 점이 있는지 알아보기로 하자.

이 문제에 대해서는 단 몇 마디로 끝낼 수 있을 것이라 생각한다. 왜냐하면 복수와 마찬가지인 제도, 혹은 습관이라고 불러도 괜찮을지는 모르지만 여하튼 비슷한 습관은 모든 민족 사이에서 행해지고 있기 때문이다. 그리고 아직도 완전히 단절되었다고는 말하기 어렵다. 이것은 끊임없는 결투나 린치가 행해지고 있다는 점만 봐도 증명될 수 있다.

어느 미국인 장교는 1894년 스파이 혐의로 누명을 썼던 유대계 사관 드레퓌스(Dreyfus)의 복수를 해야 한다면서 사건의 진범 에스텔하지에게 결투를 신청하였다고 한다.

결혼이라는 제도가 아직 없는 미개한 부족 사이에서는 간통이라는 죄는 없고 그저 애인의 질투만이 여성을 불륜으로부터 지켜낸다. 형사 판결이 없는 시대에 있어서 살인은 죄가 아니었다. 피해자와 연관된 자에 의한 방심할 수 없는 보복만이 사회적 질서를 지켰다.

'이 세상에서 가장 아름다운 것은 무엇인가'라고 오시리스가 호라스에게 물었을 때, 그 답은 '부모의 원수를 갚는 것'이었다. 일본인은 이것에 '주군의 복수'를 추가한 것이다.

보복에는 사람의 정의감을 만족시키는 무엇인가가 있다. 원수를 갚으려는 자는 다음과 같이 생각을 진행시킨다.

"나의 착하신 아버지가 죽을 이유는 전혀 없었다. 나의 아버지를 죽인 놈은 커다란 범죄를 저지른 것이다. 만약 아버지가 아직 살아 계시다면, 이러한 행위를 결코 간과하지 않으셨음에 틀림없다. 하늘도 이러한 나쁜 행위를 미워한다. 악을 행한 자에게 그런 짓을 못하도록 하는 것은 아버지의 의지이며, 또한 하늘의 의지이다. 지금 내 손으로 그놈을 묻어주지 않으면 안 된다. 왜냐하면 그 남자는 아버지의 피를 흘리게 했으므로 혈육인 나야말로 살인자에게 피를 흘리도록 하지 않으면 안 되기 때문이다. 나와 그는 같은 하늘을 이고 살 수 없는 사이다."

이런 생각은 단순하고 유치한 것일지도 모른다. 하지만 햄릿조차도 그 이상으로 깊이 사고를 진행시킨 것은 아니었다. 그러한 사실은 널리 알려진 바와 같다.

그럼에도 불구하고, 이러한 생각 속에는 어느 정도 정확한 평형 감각과 평등한 정의감이 들어가 있다. '눈에는 눈을, 이에는 이를'이라는.

질투심 깊은 신을 믿는 유대교나 복수의 여신을 낳은 그리스 신화에서 복수는 인간을 뛰어넘은 존재들에게 맡겨져 있었는지도 모른다. 하지만 인간의 상식은 무사도에, 일종의 도덕적 균형을 유지하기 위한 하나의 도덕 규범으로, 복수의 제도를 만들게끔 하였다. 거기에는 보통의 '규칙'에 따라서는 심판할 수 없는 사건을 사람이 처벌하는 것이 가능했다.

'47인의 의사'의 주군 아사노 나가노리(淺野長矩)는 죽음을 명받았다. 그에게는 기소할 상급 법정 같은 것이 없었다. 그래서 충의에 넘치는 그 가신(家臣)들은 유일한 최고 법정이라고도 할 수 있는 '카타키우치(敵討ち, 원수를 갚음)'의 수단에 호소할 수밖에 없었다. 가신들의 심판은 당시의 일반적인 규칙에 의해 행해졌다. 그리고 처벌받았다.

하지만 일반 대중의 본능은 다른 판단을 내렸다. 그 결과 '47인의 의사'의 이야기는 현대에 이르기까지 그들의 묘처럼 녹색에 감싸여 방향을 발하며 사람들의 마음속에 남아 있는 것이다.

노자는 '원한을 갚는 데에는 덕이 필요하도다'라고 가르쳤다. 그러면서도 '곧음으로써 원한을 갚으라'라고 가르친 공자 쪽이 훨씬 인기가 있었다. 하지만 보복은 신세진 사람을 위해서 할 때만이 정당화되는 것이다. 자신의 손실이나 처자(妻子)에게 가해진 위해(危害)는 그저 견디고 용서해 넘겨야 한다고 여겨졌다.

이런 이유로 무사는 조국에 가해진 원한을 갚으려는 카르타고의 장군 한니발(Hannibal B.C 274~ B.C 183)의 맹세에는 두 손을 들어 찬동한다. 하지만 스코틀랜드의 정치가이자 군인인 제임스 해밀턴(Jam es Hamilton 1606~1649)이 그 부인의 묘에서 한 줌 흙을 쥐어 주머니에 넣고, 그것을 섭정 마레에 대한 복수를 갚기 위한 끝없는 자극으로 삼은 사실은 경멸한다.

그리하여 '칼[刀]은 무사의 혼'이 되었다

할복과 복수라는 제도는 근대 형법 법전의 발포에 의해 존재 이유를 잃었다. 지금은 부모의 복수를 위해 젊은 딸이 모습을 바꾸고 헤매인다는 인정에 넘치는 이야기는 전혀 들리지 않게 되었다. 인척들 사이에서 행해진 복수의 비극을 보는 일도 없게 되었다. 미야모토 무사시의 무사 수행은 이미 과거의 이야기가 되었다. 규율이 엄정한 경찰은 피해자를 위해 범인을 색출해 내고, 법률이 정의를 측량한다. 국가와 사회 전체는 불법이 바로 잡히는 것을 보게 된다.

정의감이 충만해지면 복수의 필요는 사라진다. 뉴잉글랜드의 학자가 서술한 바와 같이, 복수가 '희생자의 피를 갈구하는 욕망이 낳은 마음의 기아(饑餓)'에 불과하다고 한 바대로라면, 형법 법전의 몇몇 조항에 의해 간단히 없어지지는 않았을 것이다.

할복에 대해서는 이것 또한 '법적'으로는 존재하지 않는 것이 되었다. 하지만 일본인들은 아직도 가끔씩 그것이 행해지는 것을 알고 있다. 그리고 일본인들의 과거가 기억에 남아 있는 한 그런 일들은 이후로도 계속 일어날 것이다. 자살 신봉자는 세상에 놀라우리만치 빠른 속도로 늘어가고 있으며, 또한 고통없는 간단한 자살 방법이 유행할 것이다.

모르세리 교수는 자살의 여러 가지 방법 중에서 할복이야말로 귀족적인 지위에 놓이지 않으면 안 된다고 하였다. 교수는 '고통에 가득 찬 방법이나 장기간의 고뇌를 동반한 자살이 행해질 때, 그 99%까지가 광신, 광기 혹은 병적 흥분에 의해 착란된 정신이 한 일로 보아야 한다'라고 주장했다. 하지만 바르게 행해지는 '할복'의 경우는 광신, 광기, 흥분 같은 건 전혀 찾아볼 수 없다. 할복 수행의 성공에는 어디까지나 극도의 냉정함이 필요하다.

스트라한 박사는 자살을 합리적, 혹은 의이적 자살과 불합리적, 혹은 진실의 자살로 분류했다. 할복은 그 전자 중에서도 가장 앞에 놓인다.

이러한 피투성이 제도와 무사도의 일반적인 경향을 통해 칼이 무사의 사회 규율이나 생활에 있어서 중요한 역할을 담당한다는 것을 추론해 내는 것은 쉬운 일이다. 진실로 '칼은 무사의 혼'이라는 말이 금언이 되어 다가오는 것이다.

13

- 도는 충성과 명예의 상징
- 대장장이 일은 중요한 종교적 행위였다
- 무인의 궁극적 이상은 평화이다

도는 충성과 명예의 상징

무사도는 칼을 힘과 무용(武勇)의 상징으로 삼았다.

이슬람교의 창시자 마호메트(Mahomet, Mohammed 571~632)는 '검(劍)은 천국의 열쇠이기도 하며 지옥의 열쇠이기도 하다'라고 선언했지만, 그것은 일본인이 가진 사고방식과 다르지 않다.

무사의 자제들은 아주 어릴 때부터 칼을 휘두르는 것을 배운다. 그들이 다섯 살이 되면, 무사의 정장을 입게 하고 바둑판 위에 세워졌다. 그리고 그때까지 가지고 놀고 있던 완구로 된 단도 대신 진짜 칼을 허리에 맴으로써 무사들의 동료가 되었음을 인증받았다. 그날은 그 아이에게 있어 극히 기념할 만한 날이 되었다.

이 무문(武門) 입문의 의식이 행해지고 나면 더 이상 신분의 상징이

되는 칼을 떼어놓고 문밖으로 나서는 일은 있을 수 없었다. 다만 평상시에는 철이 들어간 목도로 대용하였다. 그리고 얼마 후 아이는 날 없는 칼을 차게 된다. 가짜 칼은 버려지며, 새로운 칼의 날보다도 날카로운 기쁨을 느끼며 밖으로 뛰쳐나가 나무나 돌을 상대로 베는 맛을 시험한다.

15세가 되어 성인식을 치르고 홀로 서기 위한 행동을 인정받게 되면, 그는 어떤 때에도 도움이 될 수 있는 날카로운 날을 가진 무기를 소지할 수 있음에 자긍심을 느낀다. 위험한 무기를 가진다는 것은 그에게 자존심이나 책임감을 느끼게 해주는 것이다.

"멋으로 칼을 차는 것이 아니다."

그 허리에 차고 있는 것은 그가 가슴속에 품고 있는 충성과 명예의 상징인 것이다.

크고 작은 두 개의 칼은, 각각 대도(大刀, 타치)와 소도(小刀, 고타치) 혹은 카타나(かたな)와 와키자시(脇差)라고 불리웠으며 어떤 때에도 허리에서 떼어놓지 않았다. 실내에서는 서원이나 응접실의 가장 눈에 띄는 곳에 놓여졌으며 밤에 잘 때는 바로 손이 닿을 수 있는 곳에 놓여져 베갯머리를 지켰다.

칼은 주인의 좋은 친구로 애용되었으며 사랑스러움을 표하기에 충분히 어울리는 애칭이 붙여졌다. 그리고 점차 경애의 염이 높아지면 숭배라고 해도 좋을 감정의 이입이 행해졌다.

역사학의 시조 헤로도토스(Herodotos 484?~425?)는 기이한 견문 중 하나로 스키타이(Scythian)인이 철로 된 곡도에 제물을 바쳤다는 기록을 하고 있다. 일본의 절이나 명가에서는 칼을 숭배의 대상으로 삼아 수장하고 있다. 아주 흔한 단도조차도 거기에 어울리는 경의를 표했다. 다시 말해 칼에 대해 어떠한 무례도 그 주인에 대한 모욕으로 여겨졌다. 마룻바닥에 놓여진 칼을 부주의하게 뛰어넘은 자에게도 응분의 보답이 있었다.

이렇게 귀중하게 여겨지는 물품은 언제까지라도 공예가의 관심이나 공묘한 기술, 소유자의 허영심으로부터 벗어날 수 없는 법이다. 칼이 사교의 지팡이나 왕의 지팡이와 같은 역할 정도밖에는 하지 못하던 태평 시대에 특히 그러했다. 상어 가죽으로 된 칼자루, 최고급의 띠, 금이나 은을 바른 손잡이, 여러 가지 색이 칠해진 칼집 등은 이런 흉기가 지닌 공포의 반 이상을 떼어내 버렸다. 그러나 그런 장식들조차도 칼날과 도신(刀身) 그 자체에 비하면 완구에 지나지 않았다.

대장장이 일은 중요한 종교적 행위였다

도장(刀匠)은 단순한 대장장이가 아니라 신의 은총을 받은 공예가였다. 그 작업장은 성스러운 장소였다. 그는 매일 신불에 기도를 올리고 몸과 마음을 강물로 씻은 후에야 작업을 시작했다. 흔히 말하는 '그는 그의 심혼기백을 두드려 철을 단련했다' 였다. 큰 망치를 휘두르고, 물을 붓고, 숫돌로 가는 이 모든 것들이 매우 중요한 종교적 행위였다.

일본의 도검이 사람을 두려움에 떨게 할 만한 위력을 가진 것은, 이 도장들의 기백에 의한 것일까, 혹은 그가 가호를 빈 신불의 영력에 의한 것일까.

예술품으로서도 완벽할 뿐 아니라, 저 토레드나 다마스커스의 뛰어난 무기조차 가볍게 능가하는 명도에는 예술이 내려줄 수 있는 그 이상의 무언가가 있는 것일까?

칼집에서 뽑혀져 나온 순간, 대기 중의 수증기를 머금은 얼음처럼 차가운 도신, 그 청렬(淸洌)한 겉면, 청백색 빛나는 섬광, 비교할 수 없으리만치 날카로운 칼날. 그것들에는 역사와 미래가 담겨져 있다. 게다가 기묘한 아름다움과 최대한의 강도를 연결시키고 있는 약간 휜 칼등. 이것들 전부가 힘과 미, 외경과 공포의 혼재된 감정을 품게 한다.

만약 도신이 아름다움과 장식된 공예품 정도에서 그쳤다면, 그 역할은 결코 위험과는 거리가 멀었을 것이다. 하지만 그것은 손을 뻗으면 바로 닿을 수 있는 곳에 항상 있었고, 그러기에 더 더욱 그것을 사용해 보고 싶어지게 하는 커다란 유혹을 불러일으킨다. 칼날은 너무나도 자주 평화로운 칼집으로부터 뽑혀져 나왔다. 그 남용은 결국 새로이 입수한 칼의 베는 맛을 알아본다는 명목 하에 무고한 사람들의 목을 날리기에 이르렀다.

여기서 가장 큰 관심을 가지게 되는 문제는, 무사도가 칼의 무차별적인 사용을 정당화하느냐 하는 점이다. 그리고 그 답은, 명확하게 '아니다' 이다.

무인의 궁극적 이상은 평화이다

무사도는 적절한 칼의 사용을 강조하며, 부당하고 부정한 사용에 대해서는 엄중하게 비난했고 꺼림칙하게 여기기까지 했다. 무슨 일만 있다 하면 칼을 휘두르는 자는 오히려 비겁자 내지는 허세를 부리는 자로 여겨졌다. 침착냉정한 인물은, 칼을 써야 할 때가 어떠한 경우인지를 잘 알고 있었다. 또 그러한 기회가 극히 드물게 찾아온다는 사실도.

암살, 자살, 그 외의 피투성이 사건들이 너무나 당연하게 벌어졌던 지극히 불온한 시대를 넘어온 카츠 카이슈(勝海舟, 통칭 린타로(麟太郞) 1823~1899)의 말에 귀 기울여 보자. 그는 구막부시대의 어느 시기, 거의 모든 일을 그 혼자 결정할 수 있는 권한을 지니고 있었다. 그 때문에 계속하여 암살 대상으로 꼽혀왔다. 하지만 그는 결코 자신의 검에 피를 묻히는 일이 없었다.

카이슈는 후에 독특한 에도 서민적 어법으로 좌담(座談)을 남겼는데 그 안에 다음과 같이 말한 부분이 있다.

"나는 사람을 죽이는 것이 너무나 싫어서 단 한 명도 죽인 적이 없어. 모두 도망가게 하고 죽여야 할 자도 '뭐, 그런 게지' 하면서 놓아 주었지. 그것을 두고 카와가미 겐사이가 비난했지. '댁은 그렇게 사람을 죽이지 않지만, 그것은 좋지 않소. 호박이나 가지를 당신은 직접 들고 먹으실 테지? 그들은 그런 것들이란 말이오'라고 말이지. 정말 너무한 녀석이었지. 하지만 그런 카와가미도 살해당했어. 내가 여태까지 살 수 있었던 것은 무고한 사람들을 죽이지 않은 덕일지도 몰라. 칼도 엄청 단단하게 묶어놔서 절대 뽑히지 않게 해놨거든. 다른 사람에게 베일지언정, 나는 베지 않겠다는 각오였어. 뭐, 그냥 이나 벼룩 같은 거라고 생각해 버리면 되는 거야. 어깨에 앉아서 따끔따끔 찌르더라도 그냥 가려울 뿐이지 생명에 지장은 없잖아." 〈카이슈 좌담(座談)〉

이것이 고난과 긍지가 유난히 불타오르는 무사도의 교육을 받은 사람의 말이었다. 잘 알려진 격언 중에 '지는 것이 이기는 것이다'라는 말이 있다. 진정한 승리는 폭주나 무작정 저항하는 데 있지 않다는 것을 의미하고 있다. 또 '피를 흘리지 않은 승리야말로 최선의 승리다'라는 격언들이 많다. 이런 격언들은 무인의 궁극적 이상은 평화였다는 것을 나타내고 있다.

이 숭고한 이상이 승려나 도덕가의 설교에만 맡겨지고, 무사들은 무예 연습이나 하고 있었다는 것은 진정 안타까운 일이다. 이 결과, 무사들은 여성의 이상형을 그리스 신화에 나오는 여성 무사족인 아마조

네스와 같은 용감한 여인상으로 삼기에 이르렀다.

이제 여성의 교육, 지위라는 주제에 대해 페이지를 할애하는 것도 의미있는 일일 것이다.

14

- 가정적이며 여걸다울 것
- 여성에게 요구되는 행동 방식
- 아내의 의무란 무엇인가
- 자기부정 없이 '내조(內助)'의 공은 있을 수 없다
- 무사 계급에서 여성의 지위에 대해
- 가정에 있어서 중시되었던 여성

가정적이며 여걸다울 것

인류의 반수를 점하고 있는 여성은 모순의 전형이라고도 불린다. 여성의 마음이 직관적으로 작동하며 남성의 '산술적 이해력'을 훨씬 뛰어넘고 있기 때문이다. '신비적' 혹은 '알 수 없음'을 의미하는 '묘(妙)'란 한자는 젊다는 의미의 '소(少)'와 '여(女)'라는 두 가지 한자가 합쳐져 만들어져 있다. 그것은 여성이 가진 신체의 아름다움과 섬세한 발상을 남성의 조잡한 심리적 이해력으로는 설명할 수 없기 때문에 만들어진 한자일 것이다.

하지만 무사도가 말하는 여성의 이상형에는 신비성이 극히 낮고 여성적인 모순점도 외견상에 제한된다. 앞에서 무사도의 이상적인 여성상을 아마조네스라고 말했지만, 그것은 진실의 반에 지나지 않는다.

처를 의미하는 한자 '부(婦)'는 빗자루를 가진 여성을 그리고 있다. 그 빗자루는 결혼 상대를 공격하거나 방어하기 위해 지닌 물건이 아니다. 또 마법을 쓰라고 주어진 것도 아니다. 그것은 빗자루가 최초로 고안된 무해한 사용 방법, 그 자체에 기초한 것이다.

영어의 경우, 처(Wife)는 천을 짜는 손, 딸(Daughter)은 우유 짜기라는 어원에서 발생했는데, 부(婦)의 경우도 그와 같은 가정적인 어원에서 태어났다.

독일의 카이저(Kaiser, 빌헬름 2세) 황제는 여성의 활동 범위를 주방, 교회, 육아의 세 가지로 제한하고 싶어했다. 하지만 그러한 제한이 없다 하더라도, 무사도가 바라는 여성의 이상형은 가정적이었다. 또 모순적이게도 여걸적인 특성도 원했다. 무사도는 이 둘을 양립시키고 싶어했다.

무사도는 본래 남성을 위해 만들어진 가르침이다. 무사도가 여성에 대해 중시 여겼던 덕목도 여성적인 것과는 상당히 동떨어져 있던 것은 어찌 보면 당연한 일이다. 독일의 미술사가 빈케르만(Wnckelmann 1717~1768)은 '그리스의 예술에 있어서 최고의 아름다움으로 여겨졌던 것은 여성적이라기보다는 오히려 남성적인 것이었다'라고 서술하고 있다.

렛키(W.E.H. Lecky 1838~1903)는 거기에 더해서 그리스인의 예술과 마찬가지로, 도덕 개념에 있어서도 그것이 진실이라고 말하고 있다.

무사도 또한 여성이 지닌 약함으로부터 자기 자신을 해방시켜 더 강하게, 게다가 용감한 남성에게도 결코 지는 일 없는 영웅적인 무용을 발휘한 여걸을 칭찬하였다. 그러므로 젊은 여자들은 감정을 억제하고, 신경을 단련시키고, 무기, 그중에서도 특히 긴 자루를 가진 나기나타(長刀)라고 불리는 무기를 다루어 불시의 사태에도 자신의 신체를 지킬 수 있도록 훈련받았다.

하지만 무예 습득의 주된 동기는 전장에서 그것을 사용하기 위해서가 아니었다. 그것은 두 가지 동기, 다시 말해 하나는 개인을 위해서, 또 하나는 집안을 위해서였다. 주군이 없는 여성들은 자신의 몸을 지키기 위한 무예를 단련하였고 남편이 주군의 몸을 지키는 것과 마찬가지의 열의를 가지고 자기 자신을 깨끗하게 지켰다. 여성의 무예가 가정에 있어 지니는 효용은, 뒤에 보게 되듯 자식들의 교육에 있었다.

여성에게 요구되는 행동 방식

검술이나 그와 비슷한 무예가 여성이 실제로 사용하게 되는 경우는 거의 없었지만, 그래도 일상적으로 앉아만 있는 여성들의 건강을 지키는 역할을 했다. 하지만 이런 훈련은 보건학적인 목적을 위해 행해진 것이 아니었다. 시대가 필요로 한 경우에는 실제로 칼을 휘둘렀던 것이다.

소녀들은 성년이 되면 카이켄(懷劍)이라 불리우는 단도(短刀)를 받았다. 그 카이켄은 때로는 그녀들을 덮치는 자들의 가슴이나 그녀 자신의 심장에 박히곤 했다. 실제로는 후자의 경우가 많았다. 하지만 본인은 그녀들을 특별히 탓하고자 하는 생각은 없다.

서양에서는 펠라기아(Pelagia)와 도미니나(Dominina)라는 두 소녀가 그 순결을 지키고 신의 가르침에 충실하기 위해 자살하여 후에 성인의 자리에 포함되었다. 이런 것을 보면, 자살을 꺼리는 기독교도의 양심조차 그녀들에 대해 엄한 비난을 가하지는 않았음을 알 수 있다.

일본의 버지니아(Virginia)들은 정조가 위험할 때도 보호자의 검을 기다리지 않았다. 그녀들의 주머니 안에는 항상 무기가 숨겨져 있었다. 자살의 방법을 알지 못한다는 것은 여성에게 수치로 여겨졌다. 설사 해부학적으로 가르침받지 않았다 하더라도 목의 어느 부분을 베어야 하는지는 알고 있어야 했다. 또 죽음의 고통이 아무리 심하다 해도 겉으로 드러내지 않고 단정한 자세를 보여야만 했다. 그렇게 하기 위해 양 무릎을 허리띠로 묶는 방법도 알아야만 했다.

이러한 진중함은 아프리카의 순교자 퍼페투아(Perpetua)나 성스러운 동정녀 코르넬리아(Cornelia)에 필적하지 않는가?

이런 예를 드는 것은 일본인의 과거 입욕 관습이나 그 외의 사소한 전통에 기초하여 일본인은 정조 관념이 견고하지 않았다는 오해가 있기 때문이다.

정반대로 정조는 무사의 부인에게 있어서 가장 귀중한 덕목이었으며, 생명을 걸고라도 지켜야 하는 것으로 여겨졌다.

어느 젊은 여성이 거친 무사의 손에 폭행을 당하게 되었다. 그때 그녀는 남자에게 전쟁으로 헤어지게 된 동생들에게 편지를 남길 수 있게 해준다면 기꺼이 몸을 맡기겠다고 말하고는 편지를 다 쓰자마자 우물로 뛰어들어 그녀 자신의 명예를 지켰다. 남겨진 편지에는 다음과 같은 노래가 적혀 있었다.

세상에 나와보았자 구름도 이기지 못하는구나.
지금 막 사라져 버린 산 저편의 달.

아내의 의무란 무엇인가

여성에게는 예능이나 정숙한 일상 생활이 요구되었다. 음곡, 가무, 독서를 하는 것은 등한시되지 않았다. 일본문학에 있어 대단한 시가 중 여러 개는 여성의 감정 표현이다. 실제로 일본의 여성은 '순문학' 사상 잴 수 없을 만큼 커다란 역할을 하고 있다. 춤은 예능인의 춤이 아닌 무사 자녀들의 행실을 부드럽게 하기 위해서만 가르쳐졌고, 시나 악기는 아버지, 혹은 남편의 걱정거리를 잠시나마 잊게 해주기 위해서 가르쳤다. 그러므로 그 연습은 기술이나 예술 그 자체를 배우기 위한 것이 아니었다. 궁극의 목적은 마음을 정화하는 데 있었다. 연주하는 자의 마음이 안정되어 있지 않다면 음의 조화는 얻을 수 없다고 한다.

여기에서도 우리들은 젊은이들의 훈육에 대해 말할 때와 같은 사고방식이 들어 있음을 알 수 있다. 다시 말해 여러 가지 예능들은 항상 도덕적인 가치에 따라야 한다고 하는 사고방식이다.

음곡이나 무용은 일상생활에 우아함과 명랑함을 더해주는 것만으로 충분하다고 여겨졌다. 그것들은 남에게 보여주기 위해서도 사치를 위해서도 아니었다.

페르시아의 왕자가 런던의 무용회에 초청되었을 때, 함께 댄스를 추시지 않겠느냐는 제의를 받았다. 그는 '우리 나라에서는 이런 행위를 하기 위해 특별한 여자들을 준비해 두고 있다'라며 불쾌하게 말했다고 하는데, 나는 이 왕자에게 동정을 표한다.

일본 여성들의 예능도 다른 사람에게 보인다거나, 세상에 나가기 위한 것이 아니었다. 집안을 잘 다스리는 것이 여성 교육의 주된 이념이었다. 일본 여성의 예능은 무예였으며, 문서였으며, 주로 가정을 위한 것이었다. 집에서 멀리 떨어져 있다고 해도, 그녀들의 뇌리에는 항상 집의 화톳불이 남아 있었다. 그녀들이 몸이 가루가 되도록 일하고, 때로는 생명까지도 버리는 것은 오직 그 집안의 이름을 지키기 위해서였다. 낮이고 밤이고 강하고 부드럽게, 혹은 용감하고 슬프게 그녀들은 그 작은 둥지를 향해 줄곧 노래했던 것이다.

딸로서는 아버지를 위해, 부인으로서는 남편을 위해, 그리고 어머니로서는 자식을 위해 그녀들은 스스로를 희생하였다. 어린 시절부터 계속하여 자기 희생만을 가르쳤기 때문에 일본 여성들의 생애는 홀로 걷는 것이 아닌, 종속적인 봉사와 헌신의 일생이었다.

자신의 존재가 남편에게 도움이 된다면, 부인은 남편과 함께 무대에 올라갔고 남편의 일에 방해가 된다면 무대 뒤로 물러났다.

어느 젊은이가 한 처녀를 사랑했다. 그 처녀도 젊은이의 순수한 마음에 응했다. 하지만 얼마 후 처녀는 자신으로 인해 젊은이가 책무를 게을리하고 있음을 알아차리게 되었다. 그녀는 자신의 매력이 젊은이를 타락시키는 것이 아닌가 하고 생각하여 스스로 자신의 미모를 망쳤다. 이러한 일이 일어나는 것은 일본에서 드문 일이 아니었다.

무가(武家) 자녀들의 모범으로 여겨지는 '아토마(吾妻)'의 이야기가 있다. 그녀는 자신을 짝사랑한 사촌 오빠가 남편을 협박하자 그 남자를 받아들이는 것처럼 보인 후, 사랑에 눈먼 자객의 칼날이 남편을 노릴 때 남편의 대역이 되어 죽음을 맞았다.

젊은 다이묘 기무라 시게나리(木村重成)의 처가 자살하기 전에 남긴 편지는 어떤 설명도 필요하지 않을 것이다.

> 한 나무의 그늘, 한 강물의 흐름, 잔디의 초록과도 같사옵니다. 하오나 저 젊을 때부터 베개를 같이하고 그림자조차 겹칠 만큼 정을 쌓아온 것, 기쁘기 한량없사옵니다. 이제 때가 이르러 주인 가문을 위해 마지막 일전

을 각오하였기에, 더할 나위 없이 기쁘다고 생각되옵니다. 당나라의 정왕과 양귀비의 고사, 기소 요시나가 공과 마츠 공의 고사, 그런 선례는 제게 가야 할 바를 알려줍니다. 세상에 원하는 만큼 총애를 받았던 천첩의 몸으로 스스로 마지막을 선택하오니, 반드시 히데요리 공의 두터운 은혜 잊으시는 일 없이 하시도록 부탁드리옵니다. 새삼 고맙고 감사드리옵나이다.

자기부정 없이 '내조(內助)'의 공은 있을 수 없다

여성이 남편과 집, 그리고 가족을 위해서 자신의 생명을 포기하는 것은, 남자가 주군과 나라를 위해 몸을 바치는 것과 마찬가지로 스스로의 의지에서 비롯되는 것이었으며 또한 명예로운 일로 여겨졌다.

자기부정(自己否定), 이것 외에는 여성의 인생에 얽힌 수수께끼를 풀 열쇠는 없는 듯하다. 여성이 남성의 노예가 아님은 그 남편들이 봉건군주의 노예가 아니었던 것과 마찬가지이다.

부인들이 맡았던 역할은 '내조(內助)'의 공으로 인정되었다. 부녀들은 봉공(奉公)이 오르는 계단에 서 있었다. 그녀들은 남편을 위해 자신을 버리고, 남편은 그에 따라 주군을 위해 자신을 버렸으며, 마지막으로 주군은 하늘의 의사를 따를 수 있었던 것이다.

나는 이 교훈의 약점을 잘 알고 있다고 생각한다. 기독교에서는 삶을 부여받은 모든 이들이 창조주에 대해 직접적인 의무를 지고 있다.

그리고 그 외에는 기독교의 우월성을 알지 못한다. 하지만 그럼에도 불구하고 봉사의 정신에 관한 한 무사도는 영원의 진리에 기초하고 있다.

무사도는 자신의 개성을 희생해서라도 보다 고차원의 목적을 달성하도록 요구한다. 다시 말해 그것은 그리스도가 설파한 가르침 중에서 최대의 사명으로 여겨지는 봉사의 가르침에 관련된 것이기도 하다.

독자는 내가 의지의 작동을 노예적으로 복종화시키는 것에 찬성한다는 부당한 편견을 가지고 있다고 비난하지 않길 바란다.

나는 헤겔이 박학한 학식을 심원한 사고에 의해 전진시켜 얻어낸 의견, 다시 말해 역사라는 것은 자유로운 전개 및 실현이라는 견해를 받아들인 사람이다. 내가 명확하게 하고 싶은 점은 무사도의 가르침 전체가 철저한 자기희생의 정신에 젖어 있으며, 그 정신은 여성뿐 아니라 남성에게도 당연하게 요구되었다는 점이다.

어느 미국 여성 해방 운동가는 '일본의 모든 젊은 여성들이여, 낡은 관습에 반대하기 위해 궐기하라!'라고 외쳤다. 하지만 일본에서 자기희생의 교훈이 완전히 사라지지 않는 한, 일본 사회가 이 경솔한 사고방식을 받아들이지는 않을 것이다.

그런데 이러한 반대운동이 일본이 아니더라도 과연 성공할 수 있을까? 그에 따라 여성의 지위가 개선될 수 있는 것일까? 그러한 성급한

운동에 의해 얻어진 권리가 현재 일본의 여성들이 이어받고 있는 극히 상냥한 기질이나 온후한 행실을 잃게 되는 결과를 가져오게 되는 것은 아닐까? 의문이 생긴다.

로마의 여성들이 가정을 돌보지 않게 되면서부터, 말로 다 할 수 없을 정도의 도덕적 부패가 일어나지 않았던가. 그 미국 여성 해방 운동가는 일본 여성들의 반란이 역사적 진보를 위해 가야 할 진정한 진로라고 보증할 수는 없을 것이다.

이것은 극히 뿌리 깊은 문제이다. 변화는 그러한 반대운동가가 없더라도 찾아올 것임에 틀림없으며, 또 찾아오게 될 것이다.

여기서는 무사도가 제도로 존재하고 있었던 시대에, 여성들의 지위가 정말로 반란을 정당화할 만큼 열악한 것이었는지를 알아보기로 하자.

무사 계급에서 여성의 지위에 대해

나는 유럽의 기사도가 '신과 숙녀'에게 바쳤던 외견적인 존경에 대해 자주 듣곤 한다. 하지만 이 두 가지 말 사이에 있는 부조화는 영국의 역사가 기번(Gibbon, Edward 1737~1794)의 얼굴을 빨갛게 만들었다. 또 영국의 역사가 할람(Hallam, Henry 1777~1874)은 기사도의 도덕성은 조잡하며, 여성에 대한 정중함은 불륜의 사랑을 포함하고 있다고 단정 짓고 있다. 기사도가 연약한 여성에게 미친 영향은, 철학자들에게 있어서는 반성의 불씨가 되곤 했다.

프랑스의 정치가 기조(Guizot, Francois 1787~1874)는 봉건제도와 기사도는 후세에 건전한 영향을 미쳤다고 말했다. 한편 스펜서는 군사사회(군사적이 아닌 봉건사회는 있을 수 없다)에 있어서 여성의 지위는 필연적으로 낮아지며, 산업사회에 가까이 접근하면서 그 지위가 개선된다고 서술하고 있다. 그렇다면, 기조와 스펜서 둘 중 어느 쪽의 이론이 일본에 맞는 것일까? 이 문제에 대해서는 양자 모두 옳다고 단언해 두자.

일본의 무사 계급은 무사에 한해서도 거의 2백만 명에 달했었다. 그 위에 군사귀족이라고 할 만한 다이묘(大名)와 궁정귀족인 쿠게(公家)가 있었다. 이런 신분이 높은 유한귀족들은 이름뿐인 무사였다. 무사 밑에는 일반서민, 다시 말해 농, 공, 상이 있었다. 그들의 생업은 태평세상의 생계 수단이었다.

이렇게 보면, 스펜서(Spencer, Herbert 1820~1903)가 군사형 사회의 특징으로 들고 있는 부분은 무사의 계급에만 한정된다고도 할 수 있다.

한편 농업형 사회의 특색은 계급 구성의 상층과 하층에 맞아 들어간다. 이것은 여성의 지위에 잘 나타난다. 모든 계급 중에서도 무사 계급의 여성만큼 자유를 누리지 못한 사람들도 없었다.

기묘한 일이지만 사회적 신분이 낮을수록 남편과 부인의 지위는 평등했다. 직인(職人, 기술자)이 대표적인 경우다. 또 신분이 높은 귀족의 경우도 남성과 여성의 신분과 지위상의 차이는 그다지 없었다. 이것은 유한 계급인 귀족들의 여성화 경향으로 성별에 따른 지위의 차이가 확연히 드러날 기회가 거의 없었기 때문이다. 이와 같이 스펜서의 학설은 구일본에 있어서는 충분히 들어맞고 있다.

프랑스의 정치가 기조가 말한 학설에 대해 말해 보자. 그가 봉건사회에 대해서 논하면서 특히 높은 신분을 지닌 사람들에 대한 고찰이 많이 되어 있다. 따라서 그의 학설은 다이묘(大名)와 쿠게(公家)에게도 적용되는 것이었다.

여기서 적은 바가 '무사도(武士道)' 하에서 여성의 지위가 대단히 낮았다는 인상을 주었다면 본인은 역사의 진실을 왜곡하여 적은 자가 될 것이다. 본인은 여성이 남성과 대등하게 대접받았다고 거짓을 말하는 자도 아니다. 하지만 우리들은 차이라는 것이 불평등과 명확히 구분된다는 점을 알아두지 않으면 안 된다. 그렇지 않으면 이 문제에 대해서 항상 잘못된 사고가 따라다니게 될 것이다.

예를 들면, 남성의 경우에도 서로 간에 평등했던 건 법정이나 투표의 경우에 한해서였다. 이렇게 생각해 보면, 남성과 여성의 평등에 관한 논의 자체가 바보 짓같이 여겨진다.

미국의 독립선언에서 '모든 인간은 평등하다'라고 제창했을 때, 그것은 인간의 지능이나 육체적 능력에 관한 것이 아니었다. 단순히 저

옛날 우르비아누스가 '만인은 법 앞에서 평등하다'라고 말한 것을 반복한 것에 지나지 않는다. 이 경우, 인간 평등의 기준은 법률상의 권리라고 여겨지는 것이다.

만약 여성의 사회적 지위를 측정할 때, 법률이 유일무이한 잣대라고 해보자. 여성의 지위 어느 부분이 어떤가를 설명할 때, 그녀의 체중은 몇 파운드, 몇 온스인가 같은 간단한 일이 되어버린다.

문제는 남성과 여성의 상대적, 사회적 지위를 비교할 때, 과연 정확한 기준이 있을 수 있는 것일까 하는 점이다. 또 은의 가치를 금의 가치와 비교하듯, 여성의 지위를 남성의 지위와 비교하고 비율을 수량적으로 산출하는 건 과연 정당하고 또 충분한 일일까 의문이 인다.

이러한 계산 방법은 인간이 지닌 가장 중요한 가치, 다시 말해 본질적인 가치가 고려되지 않게 되어버린다.

가정에 있어서 중시되었던 여성

이 세상에서 남녀 각각은 사명을 다하기 위한 여러 가지 요소를 지니고 있다. 그것을 감안하면 남녀의 상대적 지위를 잴 때 취해야 할 기준은 복합적인 성질의 것이 아니게 된다. 경제학상의 용어를 빌려 말하자면, 그것은 복본위제(複本位制)가 아니면 안 된다.

무사도는 그 자체의 기준에 기초하고 있다. 그것은 이차방정식이다. 다시 말해 여성의 가치를 전장(戰場)과 가정(家庭), 양쪽에서 재는 것이다. 전장에 있어서 여성은 전혀 중요시되지 않았다. 하지만 가정에 있어서는 완전했다. 여성에게 주어진 대우는 이 이중의 잣대로 판단해야 한다. 다시 말하자면 여성은 사회적, 정치적인 존재로서는 중요하지 않았지만, 부인이나 어머니로서는 최고의 존경과 깊은 애정을 받았다.

로마 사람들처럼 군사적인 국민 사이에서 모친들이 어째서 그토록 경애받았는가. 그것은 그녀들이 말 그대로 마트로나(Matrona), 다시 말해 모친이었기 때문이 아니겠는가. 남성은 여성을 전사나 입법자가 아닌, 자신들의 모친으로서 그 앞에서 겸허하게 모자를 벗는 것이다. 그것은 우리들 일본인도 마찬가지이다.

아버지나 남편이 출진하여 집을 비우는 경우가 많았기에 집안을 운영하는 것은 전부 어머니나 부인의 손에 달려 있었다. 자녀의 교육과 집안의 방비도 그녀들의 임무였다. 앞에서 말한 여성의 무예는 이러한 자녀의 교육을 현명하게 해나가기 위해서였다.

일본인에 대해 어중간한 지식밖에는 가지지 못한 외국인들 사이에 다음과 같은 이상한 생각을 지닌 사람들이 있다.

일본어의 아주 평범한 표현 중에 자신의 처를 '멍청한 여편네(遇妻)'라는 식으로 낮춰 부르는 것을 두고, 여성들이 경멸당하고 있으며 높이 평가받지 못하기 때문이 아닌가 하는 것이다. 그런 그들에게 일본에서는 '멍청이 아버지(遇父)', '돼지아들(豚兒)' 등의 말들도 아주 평범하게 많이 쓰인다는 것을 알려주면 이러한 오해는 쉽게 풀린다.

일본인의 결혼에 대한 생각은 어떤 점에선 기독교도들보다도 훨씬 진보해 있다고 생각된다.

"남자와 여자가 합쳐져 일체가 될지이다." 〈창세기〉

서양인 특유의 개인주의는 '남편과 부인이 두 사람의 인간이다' 라는 생각으로부터 벗어나지 못한다. 두 사람이 갈라설 때는 각자 별개의 '권리' 를 인정받는다. 둘이 서로 의기투합할 때는 어처구니없으리만치 닭살 돋는 애칭이나 전혀 의미없는 달콤한 속삭임을 나누곤 한다. 남편이나 부인이 상대가 좋은 사람인지 나쁜 사람인지는 별개로 하고 예쁘다, 총명하다, 상냥하다라고 쉽게 말하는 것이 일본인들에게는 억지스럽게 들린다.

자기 자신을 '총명한 나' 라든지, '나의 멋진 기질' 등으로 표현하는 것은 과연 좋은 취미일까?

다만 일본인은 자기 부인을 칭찬하는 것을 자기 자신이나 자신의 일부를 칭찬하는 것으로 생각한다. 그리고 자화자찬은, 적어도 일본인에게는 악취미 이상은 아니다. 그리고 본인은 기독교를 신봉하는 국민들도 그랬으면 하고 생각한다.

자신의 배우자를 예의상 낮춰 부르는 일은 무사들 사이에서는 흔히 있는 습관이었다.

어떤 게르만족(튜튼족)은 여성에 대해 미신적이라 할 만큼 외경심을 가지고 종족생활을 시작했다. 또한 미국인은 여성의 수가 절대적으로 부족하다는 약점을 자각하며 사회생활을 시작했다. 하지만 지금에 와서는 여성의 수가 늘어나 식민지 시대의 모친들이 향유했던 위광이 급속하게 사라져 버리는 것은 아닌가 하고 본인은 우려하고 있다.

따라서 서양문화에 있어서 남성이 여성에 대해 비추는 존경심이 주된 도덕적 기준으로까지 여겨졌다.

하지만 무사도의 무(武)의 도덕은 선의를 결정하는 것을 다른 쪽에 맡겼다. 사람은 자기 내부의 숭고한 혼과 연결됨으로써, '오륜(五倫)의 도(道)'에 의해 다른 사람과 연결된다고 하는 의무 같은 것이었다.

이 오륜에서 충의, 다시 말해 남자 대 남자로서의 가신과 주군의 관계에 주목해야 한다. 무사도에서 가신과 주군이라는 관계야말로 기본적인 역할 관계였기 때문이다.

그 외의 관계는 자연적인 감정에 기초한 것들이어서, 모든 인류의 인간관계에 공통되는 것이다. 하지만 몇 가지 점에서는 무사도의 교훈이 살아 있음으로써 특히 강조되고는 했다.

이와 관련하여 남자들 사이의 우정의 특별한 힘과 그 아름다움을 생각해 본다. 이것은 남자와 여자가 따로따로 키워진다고 하는 특별한 상황에 의해서 한층 더 강해졌다. 그리고 신비적이라고까지 말할 수 있는 감정을 드물지 않게 형제애에 더하곤 했다. 서양의 기사도와 서양 여러 민족에서 남녀 간의 자유로운 관계와 감정의 고양은 극히 자연스러웠던 것과 상반된다.

하지만 자청하여 친구 대신 감옥에 갇혔던 다몬(Damon)과 사형을 선고당한 뒤 약속의 날에 되돌아온 피시아스(Phthias), 호메로스의 『일리아드』에서의 주인공이자 트로이전쟁의 영웅인 아킬레스(Achilles)와 파트로클로스(Patroclos)의 우정을 다룬 이야기를 일본의 사례에서 찾아보기란 극히 쉽다. 또 이스라엘의 다비드(David)와 요나단(Jonathan)을 잇고 있는 강한 유대와 비슷한 배려의 유대를 무사도의 수많은 이야기들 속에서 찾아볼 수 있다.

놀라운 것은 무사도의 특별한 덕목이나 교훈이 무사 계급에만 한정되어 있지는 않다는 것이다. 무사도의 감화는 일본인 거의 전부에게 퍼져 있었다.

- 일반 대중을 사로잡은 무사도의 덕목
- 무사는 민족 전체의 '아름다운 이상'
- '엘리트'의 영광, 동경, 그리고 '야마토혼'으로
- 벚꽃은 '야마토혼'의 전형

일반 대중을 사로잡은 무사도의 덕목

무사도의 덕목은 일본인의 일반적인 도덕 수준보다도 훨씬 뛰어나다. 이제까지 우리는 나란히 늘어서 있는 산들과 같은 무사도의 덕목들 중에서 특히 높은 봉우리를 이루고 있는 몇 개를 고찰해 보았다.

태양이 떠오를 때면 먼저 가장 높은 산정상을 빛으로 물들이고, 차례대로 밑쪽의 산중턱과 협곡으로 펴져 나간다. 그와같이 당초에는 무사 계급이 시작했던 무사도의 덕목 체계는 일반 대중들 속에서도 추종자들을 이끌어내게 된다.

민주주의는 제도를 악용하는 지도자를 품어내고, 귀족제도는 인민들에게 군주주의에 어울리는 정신을 주입한다. 이 가운데 미덕은 악행에 뒤지지 않을 만큼 전염되기 쉽다.

'단 한 사람의 현인이 무리에 들어오면 그걸로 좋은 것이다. 그렇게 되면 전원이 점차 현명해진다. 전염력이란 확실하면서도 빠르다'라고 미국의 사상가 에머슨(Emerson, Ralph Waldo 1803~1882)은 말한다.

어떠한 사회적 신분이나 특권도, 도덕의 영향이 미치는 힘에는 대항할 수 없다.

서양인들의 자유 획득을 위한 빛나는 발걸음은 일반 대중의 운동이 계기가 된 결과가 아니다. 오히려 지주 계급이나 신사(Gentleman)가 일으킨 운동이 아니던가. M. 테이너는 '도버 해협의 저쪽 편(영국 쪽)에서 사용되는 3음절의 단어, 다시 말해 젠틀맨이란 단어는 영국사회의 역사를 간결하게 요약하고 있다'라고 정확하게 말했다.

"아담이 낙담하고 이브가 몸을 가릴 천을 짤 때, 도대체 젠틀맨은 어디 있었던 것일까?"

에덴의 낙원에 신사가 한 사람도 없었던 것은 정말 아쉬운 일이다. 인류 최초의 부부는 신사가 없기 때문에 비싼 대가를 치르지 않으면 안 되었다.

만약 그때 신사가 낙원에 있었더라면, 그 낙원은 더 풍요롭고 넉넉함이 가득 찬 곳이 되었을 것이다. 그뿐 아니라 고통에 가득 찬 경험을 굳이 겪지 않고도 여호와에 대해 순종하지 않는 것은 엄청난 배신 행위이며 그 이름을 더럽히는 짓은 반항이 된다는 것을 배울 수 있었을 것이다.

과거의 일본은 무사에게 모든 것을 맡겼다고 해도 과언이 아니다. 그들은 민족의 꽃이었으며 근원이기도 했다. 하늘이 내려주는 수많은 은총들은 무사들을 통해서 내려졌던 것이다.

사회적 존재로서의 무사는 일반 서민에 대해 초월적인 지위에 있었다. 하지만 그들은 도덕의 규범을 정해놓고 스스로 그 규범을 따름으로써 민중을 이끌었다. 무사도는 무사 계급 자체에 대한 특별한 궁극적인 교훈과 함께 통속적인 교훈을 합쳐서 가지고 있었다. 어떤 면에서는 인민의 복지와 행복을 비는 초계급적인 선의이며, 또 어떤 면에서는 무사 계급 스스로를 위한 덕목의 실천을 강조하는 고결한 규율이었다.

무사는 민족 전체의 '아름다운 이상'

유럽의 기사도가 한참 꽃피었을 때, 기사 계급에 속하는 사람은 인구의 극히 일부에 지나지 않았다. 하지만 미국의 사상가 에머슨이 말한 바와 같이 '영국의 문학에서 시드니 경(Sidney Sir Philip 1554~1586)으로부터 월터 스코트 경(Waler Scott 1771~1832)에 이르기까지 음악의 절반과 산문의 대부분은 기사에 대해 묘사하고 있다'라고 할 수 있다. 이 시드니와 스코트를 치카마츠 몬자에몽(近松門左衛門)과 타키자와 바킨(瀧澤馬琴)으로 바꿔놓으면, 일본 문학사의 주된 조류를 극히 간단히 설명할 수 있다.

대중오락, 대중교화의 여러 가지 수단인 연극, 음악장, 이야기꾼, 독서 등은 무사의 이야기를 주된 재료로 하고 있다. 백성들은 누추한 집의 화톳불 주변에 모여 앉아 요시츠네(義經)와 그의 충신 무사시보 벤케이(辯慶)나 용감한 기소 형제의 이야기를 질리는 일도 없이 반복했다. 햇볕에 잘 그을린 아이들은 입을 벌린 채 그 이야기에 몰입했다. 마지막 장작이 꺼지고 난 후에도 아이들은 방금 들은 이야기를 마음속에서 불태웠다.

도시에서는 가게 점원이나 점장이 하루 일을 끝내고 바람막이를 닫은 후 모여 앉아 밤이 샐 때까지 노부나가(信長)나 히데요시(秀吉)의 이야기를 했다. 마침내 졸음이 그들의 피곤한 눈을 감게 하고, 가게일의 피곤함에서부터 전장에서의 공을 세우는 꿈으로 그들을 안내했다.

아장아장 걷기 시작한 어린아이들은 모모타로(桃太郎)가 오니가시마(鬼ヶ島)를 정벌하는 모험 이야기를 웅얼거리는 입으로 따라 하며 자란다. 여자 아이들조차도 무사의 용감한 마음씨와 그 덕을 사랑하는 마음에 끌리도록 자라났기에, 데스데모나(Desdemona)처럼 무사의 무용담에 열심히 귀를 기울였던 것이다.

이렇게 무사는 민족 전체의 '아름다운 이상'이 되었다. 그리고 '꽃은 벚꽃, 사람은 무사'라고 노래한 속요는 오래도록 전승되어져 왔다.

무사 계급은 영리를 추구하는 것을 엄히 다스렸기 때문에 직접 장사를 한다거나 하지는 않았다. 하지만 일본인의 어떠한 활동도 어떠한 사고의 방법도, 무사도로부터 자극을 받지 않을 수는 없었다. 일본의 지성과 도덕은 직접적으로도 간접적으로도 무사도의 소산이었다.

영국의 정론가이자 시인 멀록(Mallock, William Hurrelle 1894~1913)은 그의 저서 『귀족주의와 진화』 중에서 '사회의 진화라는 것은, 그것이 단순한 생물학적 진화와는 다르다는 점에서 위인의 의지로부터 생겨난 무의식의 행위의 결과로 정의해도 좋을 것이다'라고 웅변하듯 서술했다. 또한 역사상의 진보에 대해서는 '사회 일반에서 생겨나는 생존 경쟁에 의해서가 아닌, 사회의 소수인이 대중을 위한 최선의 방법으로 지도하고 지배하여 아래로부터 돕고자 하는 경쟁에 의해서 생겨나는 것이다'라고 말했다.

이 주장의 옳고 그름에 대한 비평은 여기서 논하지 않겠다. 다만 위와 같은 견해는 무사도가 일본의 발달을 지탱해 온 사회 진보에 기여해 온 역할로는 충분하고도 남을 정도로 실증되었다고 볼 수 있다.

'엘리트'의 영광, 동경, 그리고 '야마토혼'으로

무사 정신이 어떻게 여러 사회적 신분 속으로 침투해 들어갔는가 하는 점은 '오토코다테(男伊達)'로 알려진 류의 협객 두목(오야붕), 다시 말해 민중 속에서 자연스럽게 발달한 리더를 통해 알아볼 수 있다. 그들은 의협심에 가득 찬 인물들로서, 우두머리부터 말단에 이르기까지

호쾌한 남자다운 힘으로 가득 차 있었다.

원래는 서민의 권리를 대변하는 대변인이었으며 경호원이기도 했던 오야붕들은 각각 수백, 수천에 달하는 부하(꼬붕)를 데리고 있었다. 그리고 꼬붕들은 무사가 다이묘에게 충성을 바치는 것과 마찬가지로 스스로 원해서 '나의 오체와 목숨, 가재도구 전부와 이 세상의 명예'를 오야붕에게 바친다고 말했던 것이다.

이런 많은 난폭자들의 지지를 받은 오야붕들은 때로는 두 개의 칼을 찬 무사 계급의 전횡에 맞섬으로써 때로 강한 억지력을 발휘할 수 있었다.

무사도는 여러 가지 국면에서 그 자신을 낳은 사회적 신분으로부터 많은 길을 지나 대중 사이에서 좋은 어머니가 되었고, 일본인 전체에 대해 도덕적 기준을 공급했다.

무사도는 당초에 '엘리트'의 영광으로서 등장했다. 하지만 점차 국민 전체의 동경의 대상이 되었고, 마침내는 그 정신이 되었다. 서민들은 무사도의 도덕적 높이까지 도달하지는 못했지만, 야마토혼, 다시 말해 일본인의 혼은 궁극에 달한 끝에 마침내 이 섬나라의 국민정신(Volks Geist)을 나타내기에 이르렀다.

벚꽃은 '야마토혼'의 전형

영국의 평론가이자 시인 아놀드(Arnold, Matthew 1822~1888)가 정

의한 것과 같이, 종교가 '정념에 의해 끌어내어진 도덕'에 지나지 않는다고 한다면, 무사도는 정말이지 종교의 반열에 올라설 자격을 가진 도덕 체계임에 틀림없다.

모토이 요시나가(本居宣長)는 '시키시마(敷島, 일본의 다른 이름)의 야마토혼을 사람이 지닌다면 아침 해에 향기 날리는 산의 벚꽃이로다' 라고 노래 불러 일본인의 순수한 심정을 나타내는 말을 남겼다.

확실히 벚꽃은 오래전부터 일본인에게 가장 사랑받은 꽃이다. 그리고 일본 국민성의 상징이었다.

요시나가가 쓴 '아침 해에 향기 날리는 산의 벚꽃이로다' 라는 구절에 특히 주목하길 바란다.

야마토혼이란, 약하디약한 인공 재배 식물이 아니다. 자연이 낳은 야생의 것이다. 그것은 일본의 풍토 고유의 것이다. 그 성질 중 어느 것은 어느 정도 다른 나라의 꽃과 비슷한 성질을 가지고 있는지도 모른다. 하지만 본질적으로, 그것은 일본의 풍토에서 고유하게 발생한 자연의 소산이다.

또 일본인의 벚꽃을 좋아하는 마음은 벚꽃이 일본 전래의 산물이라는 이유에서만은 아니다. 벚꽃의 아름다움에는 기품이 있고 또한 우아하다는 것이 다른 꽃들보다 일본인의 미적 감각을 울리는 무언가가 있기 때문이다.

일본인들은 유럽사람들과 같이 장미꽃을 좋아하는 마음을 나눠 가지기 힘들다. 장미에는 벚꽃이 가진 순진함이 빠져 있다. 그뿐 아니라 장미는 그 감미로움의 뒤에 가시를 숨기고 있으며 질 때도 멋지게 지는 것이 아니라, 가지에 언제까지고 매달려 있으려 한다. 그 삶에 대한 집착은 죽음을 두려워하는 듯 보인다. 게다가 이 꽃은 부담스러우리만치 화려한 색과 짙은 향기를 지닌다. 이것들은 전부 일본의 벚꽃이 지니지 않은 특성이다.

일본의 꽃, 다시 말해 벚꽃은 그 아름다운 꽃 뒤로 가시나 독을 숨기고 있지 않다. 자연의 섭리대로 생명을 포기할 준비가 되어 있다. 그 색은 결코 화려하다고는 말하기 힘들고, 그 담담한 향기는 물리는 일이 없다.

화초의 색채나 형태는 밖에서 볼 수밖에 없다. 그것들은 그 종류의 고정된 성질이 있다. 하지만 그 향기에는 휘발성이 있으며 너무나도 생명의 호흡을 닮은 듯하여 더욱 향기롭다.

그 때문에 여러 종교적 의식에 있어서 감람과의 열대 식물인 유향수(乳香樹)의 진인 유향(乳香)이나 감람과의 몰약(沒藥)이 중요한 역할을 해왔다. 향기에는 정신을 움직이는 무엇인가가 있는 것이다.

태양이 동쪽에서 떠올라, 처음으로 극동의 이 섬에 빛을 비춘다. 그리고 벚꽃 향기가 아침 하늘을 감돈다. 이때, 이 고운 숨결을 가슴 가득 받아들이는 것만큼 기분을 맑고 시원하게 해주는 건 없을 것이다. 『구약성서』에는 창조주가 스스로 제사 때의 방향을 맡고, 그 마음속에 새로운 결의를 굳혔다고 기록되어져 있다.

　봄기운이 만연한 계절에 모든 일본인들이 작은 집에서부터 밖으로 나와 벚꽃의 은은하고 감미로운 향기를 접하며 즐기는 것은 전혀 이상한 일이 아니다. 그로 인해 사람들이 잠시 동안 손발을 쉬게 하며 일하는 것을 잊는다든지, 마음속의 고통이나 슬픔을 잊는다고 해도 그것은 결코 책망할 일이 아닌 것이다.

　짧은 쾌락의 한때가 끝나면, 사람들은 다시금 힘에 가득 차 일상의 일들로 돌아간다. 이와 같이 벚꽃은 하나가 아닌 여러 가지 이유로부터 일본 국민의 꽃이 된 것이다.

　그럼 이렇게 아름답고 또한 절절하며, 바람 부는대로 흩어지는 이 꽃, 짧은 한순간의 향기를 퍼뜨리고는 영원히 사라져 버리는 이 꽃이 '야마토혼'의 전형인 것일까?

　일본의 혼은 이처럼 덧없이 사라져 버릴 운명인 것일까?

16

■ 무사도는 일본의 활동정신, 그리고 추진력이다
■ 자기의 명예심, 이것이 일본 발전의 원동력
■ 일본인 이상으로 충성을 바치며 애국적인 국민은 흔치 않다
■ 무사도에 의한 무언의 감화

무사도는 일본의 활동정신,
그리고 추진력이다

    일본에 노도와 같이 밀어닥치는 서양 문명은 일본 전래의 가르침의 흔적을 지워 버린 것일까? 한 국민의 혼이 그만큼 빨리 사멸해 버린다고 한다면 그건 실로 슬퍼해야 할 일이다. 밖으로부터의 영향에 대해 너무나도 간단히 패퇴한다면 그것은 극도로 빈약한 혼이라고 해야 할 것이다.

    국민성을 형상화하는 심리학적 구성 요소는 '물고기 지느러미, 새의 부리, 육식동물의 이빨과 같이 각각의 종속(種屬)에 있어서 배제할 수 없는 요소'인 것과 마찬가지로 조각조각 낼 수 없다.

    프랑스의 사회심리학자 르 본(Le Bon, Gustave)은 피상적인 독단으로 차 있긴 하지만 사물의 진리를 짚어낸 저작 『The Psychology of

Peoples』에서 다음과 같이 서술했다.

"지성이 가져다 준 발견은 인류 공유의 유산이다. 하지만 성격의 장단점은 각 민족이 각자 계승하는 고유의 유산이다. 그들은 수세기에 걸쳐 밤낮으로 바닷물에 씻기는 굳은 바위와 같은 것이며 표면의 돌출된 부분이 약간 깎여 나간 것에 불과하다."

이것은 명확한 말이다.

만약 각 민족이 '독자적으로 계승한 유산'에 장단점이 있다고 한다면 그건 충분히 검토할 가치가 있을 것이다. 이런 종류의 도식화를 행하는 이론은 르 본이 이 저작을 집필하기 훨씬 이전부터 퍼져 있었다. 하지만 그것들은 독일의 철학자 테오도어 와이츠(Theodore Waitz), 영국의 지리학자 휴 머리(Hugh Murray 1779~1846) 등의 사람들에 의해 논파되었다.

무사도가 서서히 가르쳐 온 다양한 덕목을 고찰할 때 우리들은 유럽의 사례로부터 비교와 예증을 들었다. 그리고 무사도의 특질이라 할 수 있는 게 무엇이든 '무사도에만' 한정된 유산은 아니라는 사실을 봐왔다.

도덕적 특성의 합성체가 완전히 독자적인 양상을 나타내는 것은 진실이다. 이 합성체는 미국의 사상가 에머슨이 이름 붙였듯 '여러 가지 커다란 힘이 섞여 만들어지는 복합적인 산물'이다. 하지만 콩코드의 철인(哲人) 에머슨과 르 본과 같이 그 복합적인 산물을 인종 및 국민의 고유의 유산이라고 칭하지는 않았다. 그는 다음과 같이 말했다.

"여러 국가의 가장 유력한 사람들을 연결해서 서로 이해하고 협력해 갈 수 있는 요소. 그리고 만약 누군가가 그 비밀결사의 부호를 잊어도 즉시 감지해 낼 수 있도록 하는 명확한 무언가이다."

무사도가 일본 국민, 특히 무사에게 새긴 성격은 '종족에게 있어 제거할 수 없는 요소'를 이룬다고 말하기는 힘들다. 하지만 그럼에도 무사도가 축적한 활력은 전혀 의심할 여지가 없다. 만약 무사도가 단순한 물리적인 힘에 불과했다 하더라도 과거 700년 동안 획득해 온 기세가 갑자기 멈춘다는 건 있을 수 없다. 만약 그것이 유전에 의해서만 전해졌다고 하더라도 그 영향은 광범위하게 영향을 끼쳤음에 틀림없다.

프랑스의 경제학자 셰송(Cheysson, Emile 1836~1910)은 100년 동안 세 세대의 교체가 있다고 할 때 '우리들 한 사람 한 사람은 그 혈관 속에서 적어도 기원 후 1,000년에 살아가던 2천만 명의 혈액을 갖고 있다'라고 계산했다.

'수세기분의 무게에 허리가 휜' 가장 가난한 농부는 그 혈관 속에 수세대의 혈액을 갖고 있다. 그는 '소'와 형제가 아니라 우리들의 형제이다.

무사도는 하나의 무의식적인 저항할 수 없는 힘으로써 일본 국민 한 사람 한 사람을 움직여 왔다. 근대 일본의 가장 빛나는 선구자 중 한 사람인 요시다 마츠카게(吉田松影)가 사형 전날 밤에 읊은 다음 시는 일본 국민의 거짓 없는 고백이다.

감추면 안 보인다는 걸 알면서도
버릴래야 버릴 수 없는 야마토혼.

체계적으로 가르쳐 온 건 아니지만 무사도는 일본의 활동 정신, 추진력이었으며 지금 현재에도 그러하다.

자기의 명예심, 이것이 일본 발전의 원동력

미국의 시인이자 비평가 랜섬(Ransom, John Crowe 1887~?)은 말했다. '오늘날 세 개의 별개화된 일본이 병행해서 존재한다. 오랜 일본이 완전히 사라진 것은 아니다. 20세기 초의 새로운 일본은 정신 면에 있어서 막 태어난 것에 불과하다. 그리고 과도기의 일본은 현재 가장 중대한 긴장 상태를 통과하고 있다' 라고.

이 견해는 큰 관점에서, 특히 눈에 보이는 구체적인 제도에 관해서는 지극히 적절하다. 하지만 이 견해를 근본적인 도덕관념에 통용할 때에는 몇 가지 수정이 필요하다. 왜냐하면 오랜 일본의 건설자이며 또한 그 산물이었던 무사도는 지금도 과도기 일본의 지도 원리이다. 그뿐 아니라 새로운 시대의 일본을 형성하는 힘이라는 사실이 증명될 것이다.

격동의 시대를 휩쓰는 회오리와 소용돌이 속에서 일본이라는 배의 키를 쥔 지도자들은 무사도 이외의 도덕적 교훈을 전혀 알지 못하는 사람들이었다.

근래에 몇몇의 저자들이 그리스도교 선교사의 선교 활동이 신생 일본의 건설에 많은 공헌을 했음을 실증하고자 시도했다. 나는 명예에 걸맞는 인물에게는 기쁘게 명예를 안겨준다. 하지만 이들 선량한 선교사들에게 그들이 주장하는 명예를 안겨주는 일은 거의 불가능하다. 무엇 하나 확인할 수 없는 증거를 갖고 나와서 요구하는 것보다도 '서로 명예를 양보해야 할 것'이라는 성서의 가르침에 충실할 때 비로소 그들 선교사의 직업에 어울린다.

나 자신에 대해 말하자면, 기독교의 선교사가 교육, 즉 도덕적 교육의 영역에서 일본을 위해 훌륭한 일을 해내고 있다고 믿는 편이다.

단 신비적인, 어렴풋하지 않은 성령의 역할은 더욱 신성한 영역에 묶여 있다. 선교사들이 어떤 일을 하든 그것은 간접적인 영향에 그친다. 아니, 굳이 말하자면 기독교의 전도는 새로운 일본의 특성을 형성하는 데 있어서 눈에 띄는 영향은 끼치지 않았다고 해도 좋다. 좋든 나쁘든 일본인을 채찍질한 건 틀림없이 순수하며 단순한 무사도 그 자체였다.

근대 일본을 건설한 사람들의 생애를 되짚어보면 알 수 있다. 메이지 시대의 정치인 이토 히로부미(伊藤博文 1841~1909), 참의원이자 수상을 역임한 와세다 대학의 창립자 오쿠마 시게노부(大隈重信 1838~1922), 참의원 키도 타카요시(木戶孝允 1833~1877) 등이 인간으로 성장한 흔적을 따라가 보자.

그들이 생각하고 쌓아 올린 일은 첫째로 무사도가 원동력이었음을 알 수 있을 것이다.

헨리 노만(Norman, Sir Henry 1858~1939)은 극동 사정을 연구관찰해서 일본이 다른 동양의 전제국가와 다른 유일한 점은 '인류가 과거 생각해 낸 일 중 가장 엄격하고 고상하며 엄밀한 명예의 규정이 국민들 사이에 지배적인 영향력을 지녔다' 는 점이라고 단언했다. 그때 노만은 20세기 초의 새로운 일본을 만든 데다 장래 나아가야 할 방향으로 나아가는 중심축에 접한 것이다.

20세기 초 일본의 급격한 변모는 전 세계에 명백한 사실이다. 이와 같은 중대한 사업에는 다양한 동기가 자연스럽게 섞여들었다. 하지만 그 주된 힘은 무엇인가라고 묻는다면 망설임없이 무사도라고 말할 수 있다.

일본이 외국 무역에 전국을 개방했을 때, 생활의 여러 부분에 최신의 개량을 수입해 왔을 때, 서양의 정치와 학문을 배우기 시작했을 때, 일본인을 움직인 추진력은 결코 물질 자원의 개발 및 부의 증가가 아니었다. 그렇다고 서양 습관의 모방 등은 더 더욱 아니었다.

동양의 여러 제도 및 백성을 상세히 관찰한 영국의 저널리스트 타운젠트(Townsend, Meredith 1831~1907)는 다음과 같이 썼다.

"우리들은 나날이 유럽이 얼마나 일본에 영향을 끼쳤는가를 배우고 있다. 하지만 일본의 섬들 내에서의 변화는 완전히 자발적인 것이었음을 잊고 있다. 유럽 사람이 일본에 가르친 게 아니고 일본 스스로가 유럽의 문물과 제도, 방법을 배운 것이다. 그리고 그것이 훌륭하게 받아들여져 성공했음을 실증하고 있다. 터키인이 수년 전에 유럽의 포술을 수입했듯 일본은 유럽의 기계공학을 수입했다. 이는 정확히 말하자면 영향이라고 할 것은 아니다. 예를 든다면 영국이 중국에서 차를 사들인 일로 중국으로부터 뭔가 영향을 받았다고는 말할 수 없는 것과 마찬가지이다."

타운젠트는 이어서 '일본을 개조한 유럽의 전도사, 철학자, 정치가나 선동가가 대체 어디에 있다는 것인가?'라고 적었다.

타운젠트는 일본에 변화를 가져다 준 선동의 계기는 완전히 일본인 자신의 안에 있었다는 사실을 잘 간파했다. 다만 아쉬운 것은 통찰력이 날카로운 이 사람이 일본인의 심정을 더욱 깊이 탐색했다면 그 계기가 무사도 이외의 그 무엇도 아님을 간단히 확인했을 것이다.

열등국이라고 여겨진다는 사실을 참을 수 없다는 명예심. 이것이 동기 중 최대의 것이었다. 메이지 시대의 공업 장려정책인 식산흥업(殖産興業)이라는 사고방식은 변혁의 과정에서 눈을 뜬 것이다.

> 일본인 이상으로 충성을 바치며 애국적인 국민은 흔치 않다

무사도의 감화가 일본 국민에게 미친 영향은 명명백백하다. 일본인의 생활을 한번 돌아보기만 하면 그 사실은 금세 알 수 있다. 일본인의 마음을 가장 확실히 대변하고 충실하게 소개한 그리스 태생의 귀화인 라프카디오 한(Lafcadio Hearn 1850~1877)의 글을 보면 그가 그린 일본인의 심정은 무사도가 작용한 일례임을 잘 알 수 있을 것이다.

국민 전체에 공통된 절도있는 모습은 틀림없이 무사도의 산물이다. 이 사실은 잘 알려져 있기 때문에 굳이 되풀이할 필요는 없다. '작은 체구의 잽(Jap : 일본인의 속칭)'의 몸이 지닌 인내력, 불굴성, 용기는 청일전쟁(淸日戰爭)에서 남김없이 증명됐다.

'일본인 이상으로 충성심이 강하고 애국적인 국민이 존재할 것인가?'는 이때 많은 사람들이 생각한 의문이다. 그리고 그 답은 '흔치 않다'이다. 일본인은 무사도에 감사해야 한다.

하지만 그 반면 일본인의 결점 및 단점도 무사도에 큰 책임이 있다고 인정하지 않을 수 없다. 일본인이 깊은 철학을 가지고 있지 않은 점은 무사도의 훈육에 있어서 인문학적인 훈련이 중시되지 않았던 점에서 그 원인을 찾을 수 있다.

몇 명의 젊은 일본인이 과학 연구의 영역에 있어서 이미 세계적인 명성을 얻었음에도 불구하고 철학 분야에서 일가를 이룬 사람은 아직 나타나지 않았다.

일본인의 예민하고 격해지기 쉬운 성질은 일본인들의 명예관에 책임이 있다. 그리고 외국인이 종종 지적하듯 일본인은 자존망대할 정도의 자부심을 갖고 있다. 그렇다고 한다면 이 또한 명예심의 병적인 폐해에 의한 것이다.

20세기 초에 일본을 여행한 외국인이라면 흐트러진 머리칼에 낡고 헤진 옷, 큰 지팡이나 책을 안은 젊은이가 세속적인 사정은 전혀 상관없다는 듯이 큰길을 활보하는 것을 본 일이 있을 것이다.

그는 '서생(書生)'이다. 그에게 있어서 지구는 너무나 좁다. 하늘도 결코 높지 않다. 그는 우주와 인생관에 대해 독특한 이론을 갖고 있다. 그는 또한 공중에 떠도는 누각에 몸을 맡긴 채 심오하고 깊은 지식의 언어를 탐닉하며 살아간다. 그 눈에는 큰 뜻의 불꽃이 빛나며 그 마음은 지식을 끊임없이 갈구한다. 빈곤은 그의 의욕을 더욱 주무르는 자극에 불과하며 세속적인 재산은 그의 인격에 있어서 속박이라고까지 할 수 있을 것이다. 그는 충군애국의 화신이다. 그는 스스로 국가의 영예의 파수꾼이라는 역할을 지고 있다.

서생의 아름다운 점과 결점 모두는 그야말로 무사도의 마지막 잔재가 아니고 무엇이겠는가.

무사도에 의한 무언의 감화 | 무사도의 영향은 오늘날에도 깊이 뿌리내리고 있으며 강력하게 작용하

고 있다. 하지만 그것은 의식적인 것이 아닌 무언의 감화(感化)이다. 일본인의 마음은 이유가 명백하지 않을 때라도 조상으로부터 물려받은 관념에 대한 호소에는 응답한다. 그 사실은 설사 동일한 도덕관념이라 해도 새로운 번역 용어와 오랜 무사도의 용어에 의해 표현된 것 사이에는 큰 차이가 있음을 의미한다.

신앙의 길에서 멀어져 가는 한 기독교도에게 목사의 설교만으로는 그를 타락에서 구하는 데 유용하지 못했다. 하지만 과거에 그가 주에 대해 맹세한 충성, 즉 충의에 호소하자 그는 신앙의 길에 복귀하지 않을 수 없었다.

일본의 어떤 대학에서는 혈기왕성한 일단의 학생들이 교수에 대한 불만으로 인해 오랫동안 '수업 거부'를 하고 있었다. 하지만 학장의 두 가지 단순명쾌한 질문에 의해 즉시 종결됐다.

학장은 '자네들이 비판하는 교수는 가치있는 인물인가? 만약 그러하다면 자네들은 선생을 경애하고 대학에 남아 있어야 하지 않겠는가. 그 선생은 약한 사람일까? 만약 그러하다면 쓰러져 있는 사람을 깔아뭉개는 건 남자답지 못한 행동이 아닌가' 라고 물었던 것이다.

여기서는 이 분쟁의 발단이었던 교수의 학문적 능력 부족은 학장이 제기한 도덕상의 문제와 비교하면 중대한 문제가 아니게 되어버렸다. 즉, 무사도에 의해 길러온 감정을 자극함으로써 위대한 도덕적 혁신을 달성한 것이다.

일본에 있어서 기독교 전도사업이 큰 성과를 거두지 못한 것은 대부분의 전도사들이 일본의 역사에 완전히 무지한 탓이다.

'이교도의 사적에 관심을 가져서 뭐 하겠냐'고 하는 사람도 있었다. 그 결과 그들의 종교는 일본인들과 일본인의 조상들이 과거 수백 년에 걸쳐 친숙해진 사고방식을 이해하는 일로부터 멀어져 가고 있다.

한 나라의 역사를 조롱하는 일이 있어서 되겠는가. 어떤 국민의 내력도 문자에 의한 기록을 갖지 않는다. 가장 미개하다는 아프리카인들의 경력조차 신의 손에 의해 적힌 인류사의 한 페이지가 아니겠는가.

철학적이고 경건한 마음을 지닌 사람에게 있어서는 종족 자체가 신이 적은 표식이며 어떤 이는 검고 어떤 이는 희고 각자의 피부와 같이 명료하게 그 흔적을 거슬러 갈 수 있는 것이다.

만약 이 비유를 드는 일이 괜찮다고 한다면 황색인종은 금색의 상형문자로 새겨진 귀중한 한 페이지라고 말하고 싶다.

선교사들은 민족이 가진 과거의 자취를 무시한 채 기독교를 새로운 종교라고 주장한다. 하지만 기독교는 '오래된 옛이야기'의 부류에 들어간다. 만약 기독교가 국민 각자에게 친절한 언어로 사람들의 도덕 발달 수준을 고려하여 설교한다면 인종이나 민족에 상관없이 사람들의 마음에 쉽게 깃들 것이다.

미국적이고 영국적인 양식의 기독교, 즉 조물주의 은총과 지순함보다도 다분히 서양인의 기교와 환상을 포함한 기독교는 무사도라는 가지에 접붙이기를 하기엔 너무나 빈약한 싹이다. 새로운 신앙의 포교자가 되기 위해선 기존의 모든 줄기, 뿌리, 가지를 근절하고 말라빠진 토양에 적합한 복음의 씨앗을 직접 뿌려야 하지 않을까?

이와 같은 극단적인 방법은 하와이에서는 가능할지도 모른다. 거기서는 전투적인 교회가 부(富)를 약탈하고 원주민의 절멸에도 완전히 성공했다고 알려져 있다. 하지만 이와 같은 일은 일본에서는 절대 불가능하다.

성자이자 경건한 기독교도이며 깊은 학식을 지닌 영국의 고전학자이자 신학자 죠엣(Jowett, Benjiamin 1817~1893)이 설명한 다음의 말을 깊이 마음에 담아둬야 할 것이다.

"사람들은 세계를 이교도와 기독교도로 나눴다. 하지만 전자에 얼마만큼의 선이 숨어 있는지나 후자에 얼마만큼의 악이 섞여 있는지를 충분히 고려하지 않았다."

기독교도는 자신들의 최선의 부분과 이웃의 최악의 부분을 비교했다. 즉, 기독교도의 이상과 그리스 혹은 동양의 타락을 비교한 것이다. 그들은 결코 공평해지려 하지 않았다. 자신들의 종교에 대해 충분히 칭찬받을 만한 부분만을 모았고 다른 양식을 지닌 종교에 대해서는 대체로 부정적인 면만을 모아서 만족했다.

하지만 일본인들은 무사도의 장래를 생각할 때 선교사들이 신봉하는 종교의 근본적 원리가 이미 일대 세력을 이뤘음을 고려해야 한다. 무사도의 남은 수명은 그다지 길지 않은 것처럼 보인다. 여러 바람직하지 않은 징후가 대기 중에 만연하기 시작했다. 아니, 징후뿐만 아니라 무시하기 힘든 여러 세력이 무사도를 위협할 만한 움직임을 보이기 시작하고 있다.

17

- 무사도는 자취를 감출 운명에 처했는가
- 명예, 용기, 그리고 무덕(武德)이라는 뛰어난 유산을 지켜라
- 불사조는 스스로 재 속에서 되살아난다
- 무사도는 불멸의 교훈이다

무사도는 자취를 감출 운명에 처했는가

  유럽의 기사도와 일본의 무사도만큼 양자의 역사적인 비교를 하기에 적절한 예는 극히 드물다. 역사는 반복된다는 명제가 사실이라면 무사도의 운명은 유럽의 기사도가 거친 운명을 따라갈 것이다.

  생 팔레(Palaye, St. 1697~1781)가 기사도의 쇠퇴에 대해 설명한 특수하고도 지역적인 이유는 일본의 상황과는 맞지 않는다. 하지만 중세 및 중세 이후의 기사와 기사도를 실추시킨, 보다 크고 보다 일반적인 원인은 무사도의 쇠퇴에도 착실하게 작용하고 있다.

  유럽의 경험과 일본의 그것과의 사이에는 확실한 차이가 있다. 유럽의 기사도는 봉건제도로부터 떨어져 나온 즉시 기독교에 의해 거둬들여져 새로운 여명(餘命)을 얻었다. 하지만 일본은 무사도를 기르고 거둘 종교가 어디에도 없었다. 따라서 봉건제도라는 어머니가 멀리 떠나 버리자 무사도는 고아가 되어 자력으로 나아가야 할 방향을 찾아내야 했다.

현대의 잘 정돈된 군대 조직이 무사도를 보호 하에 둘지도 모른다. 하지만 주지의 사실과 같이 현대의 전쟁은 무사도가 계속해서 성장할 조건을 조금도 갖고 있지 않다.

유년기의 무사도를 기른 신도(神道)는 너무나도 노화해 버렸다. 중국 고대의 성현은 벤담(Bentham, Jeremy 1748~1832)과 밀(Mill, James 1773~1836) 등의 지적인 신참자에 의해 대체됐다. 당시의 호전적이고 외세 배척주의적 경향에 영합해서 생각해 낸 쾌락주의적 도덕 이론이 제공됐다. 하지만 그런 소란스러운 외침은 통속적인 저널리즘의 박스기사로나 귀에 들어오는 것에 불과하다.

무사도에 대항할 다양한 세력과 군세가 몰려오고 있다. 베블렌(Veblen, Thorstein Bunde 1857~1929)이 설명한 바와 같이 이미 본래의 산업적 모든 계급 간에 있어서의 예의규범의 쇠퇴, 바꿔 말하자면 생활의 세속화는 섬세한 감수성을 지닌 사람들의 눈에서 보자면 문명의 말기적 증상의 하나이다.

눈이 번쩍 뜨일 만한 민주주의의 도도한 흐름은 무사도의 잔재를 삼켜 버리기에 충분한 기세를 지녔다. 민주주의는 어떠한 형식, 어떠한 형태의 특권집단도 인정하지 않는다. 하지만 무사도는 지성과 문화를 충분히 축적한 채 권력을 독점한 사람들에 의해 조직된 특권집단을 위하여 도덕적인 여러 성질의 등급과 가치를 스스로의 손으로 규정한 것이다.

현대의 사회적 세력들은 좁은 계급정신의 존재를 용인하지 않는다. 하지만 기사도는 영국의 역사가 프리맨(Freeman, Edward 1823~1892)이 날카롭게 비판한 바와 같이 명백하게 하나의 계급정신이다. 만약 현대사회가 뭔가의 통합성을 목표한다면 '특권 계급의 이익을 위해 고안된 순수하게 개인적인 의무'를 인정할 수는 없다. 여기에다 보통교육, 산업기술과 거기에서 나오는 부, 거기에 도시생활 등을 더해보자. 무사의 가장 날카로운 검의 베기도 무사도의 강궁이 쏘아낸 가장 빠른 활의 화살도 아무런 소용이 없음을 알 수 있다. 명예의 기반 위에 구축되고 명예에 의해 보강된 국가는 엉터리 이론으로 무장하고 궤변을 일삼는 법률가와 구시렁대면서 제멋대로 떠드는 정치가들의 손에 걸리면 단숨에 무너지고 만다.

어떤 위대한 사상가는 바이런의 '마제파'에 등장하는 테레사와 오이디푸스의 딸인 안티고네에 대해 '그녀들의 장렬한 행위를 기른 환경은 영원히 떠났다'라고 했다. 이 말은 무사에 대해서도 마찬가지이다.

슬프도다 무사도, 슬프도다 무사의 긍지. 종과 전장의 북소리의 울림과 함께 세상에 받아들여진 도덕은 명장(名將)과 명군(明君)이 떠나

간 것과 같이 그 모습을 감출 운명에 처했다.

만약 역사가 뭔가를 가르치고자 한다면, 그것은 스파르타(Sparta)나 로마제국과 같은 무덕(武德)이 쌓은 국가는 이 지상에서 결코 영원할 수 없다는 사실이다.

명예, 용기, 그리고 무덕(武德)이라는 뛰어난 유산을 지켜라

인간의 투쟁 본능이라는 것이 보편적인 데다 자연적이고 남자다운 덕목이라고 해도 그것은 인간성의 모든 것이 아니다. 가장 신에 가까운 본능, 즉 사랑한다는 본능이 투쟁 본능의 기반에 깔려 있다.

우리들은 신도와 맹자, 거기에 왕양명이 명확하게 그 사실을 가르쳤음을 봐왔다. 하지만 무사도와 전투 시의 도덕은 직접적인 현실에서는 골치 아픈 문젯거리로 남지 않을 수 없었다. 그렇기에 결국 이 사랑스런 본능의 존재를 정당하게 다루는 일을 포기해 온 것이다.

오늘날 우리들에게는 무사가 호소해 온 사명보다 고상하고 보다 폭넓은 사명을 요구하고 있다. 넓어진 인생관, 민주주의의 성장, 타민족과 타 국민에 대한 지식의 증대와 함께 과거 일본을 지배해 온 공자의 인의(仁義) 사상, 불교의 자비(慈悲) 사상은 기독교의 사랑의 관념으로 이어져 갈 것이다.

사람은 이제 신하 이상의 존재인 시민이라는 존재로 성장했다. 아니, 사람은 시민 이상의 존재, 즉 인간인 것이다.

현재 짙은 전운이 일본의 수평선상에 드리워져 있다. 하지만 평화의 천사의 날개가 이를 날려 버릴 것임을 믿는다. 세계의 역사는 '어진 자는 땅을 잃는다'라는 예언을 확신할 수 있게 해준다. 선천적인 권리인 평화를 팔아넘기고, 산업 진흥의 전선으로부터 물러나 침략주의의 전략에 참가한 국민은 그야말로 터무니없는 거래를 하는 것이다.

무사도에 있어서 사회의 상황이 크게 변한 오늘날은 명예로운 장송(葬送)의 준비를 시작할 때다.

기사도의 경우 죽음의 시기를 지적하는 일은 그 발생의 정확한 시기를 결정하는 일만큼이나 어렵다는 것과 마찬가지다. 기사도는 프랑스의 앙리 2세(Henri Ⅱ 1519~1559)가 무예시합에서 살해당한 1559년에 정식으로 파기됐다.

일본인에게 있어서는 1871년의 폐번치현(廢藩置縣)의 조칙(詔勅)이 무사도의 조종(弔鐘)을 울렸다고 할 만한 신호였다. 그 5년 뒤에 공포된 폐도령(廢刀令)은 과거의 '손에 땀을 쥐는 일 없이 인생을 살게 해주는 은전, 비용이 적게 드는 국토 방위, 남자다운 감성과 영웅적인 행동의 보호자'가 때를 다했다는 사실, 그리고 궤변가, 금전만능주의자 계산이 빠른 부류를 위한 신시대에 들어섰음을 나타낸다.

청일전쟁(淸日戰爭 1893~1894)에서 일본은 무라타총(村田銃)과 크룹총 덕분에 승리를 거뒀다고 전해진다. 이 승리는 근대적인 학교 교육의 성과라고도 전해진다. 하지만 이들은 진실의 안에 도달하지 못했다.

예를 들면 최고급 피아노라 해도 명장의 손이 없이는 리스트(Liszt, Franz 1811~1886)의 랩소디나 베토벤(Beethoven, Ludwig Van 1770~1827)의 소나타를 칠 수 없다.

만약 총의 좋고 나쁨으로 전쟁의 승리를 거둘 수 있다고 한다면 어째서 나폴레옹(Napoleon, C. Louis III 1808~1873)은 미트라이유즈식 기관총으로 프러시아군을 쓰러뜨릴 수 없었던 것인가. 또한 모젤총으로 무장한 스페인 사람은 구식 레밍턴을 갖고 있었을 뿐인 필리핀인을 격파할 수 없지 않았던가.

새삼스레 말할 것도 없이 활력을 가져다 주는 것은 정신이다. 정신이 없으면 가장 좋은 장비도 아무런 이점이 되지 않는다. 최신식의 대포도 스스로 불을 뿜지는 못한다. 현대의 교육제도를 가지고서도 겁쟁이를 영웅으로 만들어낼 수는 없다.

외국과의 전쟁에서 일본인들을 이끌고 승리를 거둔 것은 조상의 영혼이었다. 이들 영혼, 일본인들의 용감한 조상은 죽어 없어진 게 아니다. 볼 수 있는 눈을 지닌 사람들은 그들을 확실히 볼 수 있는 것이다.

가장 진보한 사상을 지닌 일본인의 표피를 벗겨보자. 사람들은 거기에서 무사를 볼 것이다.

명예, 용기, 모든 뛰어난 무덕의 유산은 크램(Cramb Prof) 교수가

실로 적절하게 표현했다. 즉, '우리들이 맡은 재산에 불과하며 조상과 자손의 것이다. 그것은 아무도 빼앗을 수 없는 인류 영원의 가문 기록이다'라고. 따라서 현재 우리 일본인들의 사명은 이 유산을 지키고 전래된 정신을 잃지 않는 일이다. 그 미래에 관한 사명은 인생의 모든 행동과 여러 관계에 응용해 가는 것이다.

불사조는 스스로 재 속에서 되살아난다

봉건 일본의 도덕체계는 성곽과 무구와 함께 붕괴되어 흙으로 돌아갔다. 하지만 새로운 도덕이 불사조와 같이 일어나서 새로운 일본을 진보의 길로 이끌어갈 것이라 전해져 왔다. 그리고 20세기 초까지 이 예언은 적중했다. 이와 같은 예언이 성취된다는 사실은 그야말로 바람직하며 있을 수 있는 일이다.

하지만 불사조는 스스로 재 속에서 재생하는 사실, 결코 어딘가에서 건너오는 새가 아니라는 것, 그리고 다른 새로부터 빌린 날개로 날아오르는 게 아니라는 사실을 잊어서는 안 된다.

'신의 왕국은 그대들의 속에 있도다'라는 말이 있다. '신의 나라'는 산이 아무리 높아도 그곳으로부터 내려오는 게 아니다. 바다가 아무리 넓어도 그곳을 건너오는 게 아니다.

'신은 모든 민족에게 그 국어로 말하는 예언자를 부여했다'라고 코란에 적혀 있다.

일본인의 마음이 등불을 세우고 느껴서 얻은 '신의 나라'의 종자는 무사도 안에서 꽃피었다. 그러나 슬프게도 현재는 열매를 맺을 시기를 앞에 두고도 꽃봉우리를 닫으려 하고 있다.

일본인들은 여러 방향에서 아름다움과 빛을 지닌 힘과 위안의 원천을 바랐다. 하지만 아직도 무사도를 대신할 수 있는 것을 발견하지 못했다.

공리주의자(功利主義者)와 유물론자(唯物論者)의 손실계산적인 철학은 대부분 혼을 절반밖에 갖지 못한 엉터리 이론가가 좋아할 뿐이다. 공리주의와 유물론에 대항할 수 있는 충분히 강력한 다른 유일한 도덕체계는 기독교이다.

기독교와 비교한다면 지금의 무사도는 '미약하게 타오르는 심지'와 같은 것이라고 솔직히 말하지 않을 수 없다. 하지만 메시아는 불씨를 꺼뜨리는 일 없이 이를 부채질해 불꽃으로 만든다고 선언했다. 메시아의 선구자이자 히브리의 예언자들인 이사야, 예레미야, 아모스 등과 마찬가지로 무사도는 특히 지배하는 자, 공적인 입장에 있는 자의 도덕적 행위와 국민 일반의 도덕적 행위에 중점을 뒀다. 하지만 한편으로 기독교의 도덕은 명백하게 개인과 예수를 개인적으로 신앙하는 사람들에 관한 것이다. 따라서 개인주의가 도덕의 요소로써 세력을 늘려감에 따라 기독교의 도덕은 점차 실제적으로 응용의 폭을 넓혀갈 것이다.

무사도는 불멸의 교훈이다

기독교와 공리주의(功利主義)를 포함하는 유물론(唯物論)은 세계를 양분할 것이다. 작은 도덕 체계는 그것이 존속하기 위해선 이들의 어느 하나를 받아들일 것이다.

무사도는 그 어느 쪽에 설 것인가?

무사도는 지켜야 할 확고한 교의(敎義)와 공식(公式)을 갖지 못했기에 아침의 한줄기 바람처럼, 어이없이 스러져 가는 벚꽃처럼 그 모습을 완전히 감출 것인가?

하지만 그 운명은 결코 사라지는 것이 아니다. 금욕주의(禁慾主義)가 없어졌다고 누군가가 말할 수 있을 것이다. 제도로서는 멸망했을지도 모른다. 하지만 덕목으로서는 지금도 살아 있는 것이다. 그 정력과 활력은 인생의 다양한 면에서, 서양 여러 나라 국민의 철학 속에서, 모든 문명세계의 법 속에서 느낄 수 있다.

아니, 인간이 자기를 향상시키기 위해 싸우고 있다는 점과 정신이 육체를 지배한다는 점에 있어서는 그리스의 철학자 제논(Zenon)의 불멸의 교훈이 작용하는 것을 볼 수 있을 것이다.

무사도는 하나의 독립한 도덕적 규칙으로서는 소멸할지도 모른다. 하지만 그 힘이 지상으로부터 사라지는 일은 없다.

그 무용과 문덕의 교훈은 해체됐을지도 모르지만 그 빛과 영예는 폐허를 넘어 소생할 것임에 틀림없다. 상징인 벚꽃과도 같이 바람에

날려진 뒤 인생을 풍요롭게 하는 향기를 실은 채 되돌아와 인간을 축복해 줄 것이다.

몇 세대가 지난 뒤 무사도의 습관이 무덤에 묻히고 그 이름이 잊혀질 때가 온다고 해도 '길거리에 서서 바라보면' 그 향기는 멀리 떨어진 보이지 않는 언덕으로부터 전해져 올 것이다.
이때 어떤 퀘이커의 시인은 아름다운 언어로 노래한다.

어디에서인지 모르지만 가까운 향기에
여행자는 감사의 마음을 안고
걸음을 멈춰 모자를 벗고
하늘로부터의 축복을 받는다.